先生も子どもも楽しくなる

小学校家庭科

授業づくりの理論と実践

岸田蘭子［著］

ミネルヴァ書房

推薦

家庭科教育で子どもに「生きる力」を

京都教育大学名誉教授

加地芳子

　本書は，小学校の教師を目指しているあなたが，毎日の暮らしを大切にしながら生き生きと輝いている子どもとともに，楽しく自信に満ちた家庭科の授業を行うことができるための強力なサポーターとなると確信します。それだけでなく，今，家庭科の授業を担当しておられる先生方にとっても，お役に立つ著書だと思います。

　それはなぜでしょうか？

　本書の特徴となるいくつかの優れた点について述べてみましょう。

1　仲間に育てられる教師をイメージして

　本書は，著者の長年にわたる小学校教師としての家庭科教育の授業実践の積み重ねであるだけでなく，管理職としてのキャリア，そして，それを裏づける家庭科の教科理論・教育学の研究を通して得たものです。また，しっかりとした"家庭科教育観"に裏づけされた成果であるともいえます。著者は，自らの家庭科教育観を実現するためには，小学校の家庭科教育において，児童にどのような資質・能力を育成すれば良いかを問い続けてきました。また，その実現のためには，一人の教師の力だけではなく，志を同じくする仲間との協力体制こそが必要であることを証明する実践報告がここにあります。小学校教師を目指すあなたやすでに教師として家庭科を教えている方が，この先，どのように自らの教師としての力を磨いていくかを問いながら学んでいけば，そのイメージをつかむことができるでしょう。

　なぜなら，本書には，著者が管理職として，愛情深く時には厳しく，教師を学校づくりの仲間として育ててきた時の眼差しが注がれているからです。その切磋琢磨する"みんなで協力する学校づくり"の中で積み重ねられてきた実践記録が豊富に提供されていて，まさに"ナマの学校"で学んでいるかのような臨場感のある学びを，この本から実感できます。その醍醐味を味わってほしいと思います。一つ一つの題材は，授業として作りあげるまでには，教材研究，時には校外の協力者との打ち合わせ等を経ての指導案の作成，授業の実施，校内・校外の参加者による授業後の研究会等々，日常的に地道に続けられてきた実践研究活動を基に提案されているものです。ここにかかわった教師の方々の努力に敬意を払いながら学んでほしいと思います。

2　「学力を育てる」題材とは

　家庭科教育の歴史を振り返ると，実生活で重視される事柄を教材に指定し，それを何度

も練習して身につけておけば，日々の生活を不自由なく送ることができる時代が，かつてありました。家庭生活や人々の認識，社会の変化が緩やかな時代でした。

　しかし，人生百年時代の現在は，変化が激しく先の見通しが立ちにくい状況にあります。現時点で最新の知識や技能であったとしても，それがいつまで通用するか不安です。今後は，変化に対応するために，その時々に必要な新しい知識や技能・技術を獲得し直し，それを駆使して，その時その時の課題を解決できる「学力」が必要になってゆくでしょう。

　従って，これからは，あらかじめ「決められた題材」を，わかりやすく上手に伝える力だけではなく，目指す学力を児童に育むためにもっとも適した題材を選んで授業を構成できる力が教師に必要となります。そのためには，児童の発達の道筋を理解して，児童の興味・関心・実態や地域の特性・季節等々，諸種の条件を勘案したうえで，育てるべき学力達成にもっとも適した教材を開発する力が教師に求められてきます。この視点から，本書に掲載されている「題材」を見てみると，題材の適時性・独創性の素晴らしさに圧倒されることでしょう。

　これは，著者の中にある，明確な生活者像，将来に向けてどのような子どもを育てていくかの視点を軸として，教材が開発されているからです。子ども一人一人が，家族や地域の一員であるという自覚をもって，そこに根を下ろして，たくましくしなやかに，まわりと協力しながら前向きに生きていく生活者としての姿を見ることができます。また，毎日の暮らしの中で，学んだり感じたりしたことを，日々の生活に生かそうとする実践的な生活者像があります。家庭・学校・地域という児童自身が拠って立っている足下を見つめ直すことによって，日ごろ無関心であったり，見過ごしていたりする日常生活でのできごとや，その意味に気づかせることができ，その結果，生活実感をもつ子どもを育てることができると，著者が考えていることがわかります。

　また，著者は，非常に好奇心に富み，出会った物事の価値を的確に判断する鋭い感性をもっています。それに加えて，豊かなアイデアの持ち主でもあり，教育的価値を見出したテーマを次々と新しい授業に仕立て上げていく卓越した才能の持ち主でもあります。しかも，それらは，家庭科教育が目指す資質・能力を育成する点から有効な提案となっています。常に子ども目線に立ち，児童が興味をもちやすい，独創的な題材の授業であることだけでなく，どのような資質・能力を育てることをねらって，その題材が提案されているかに注目してみてください。

3　児童が学んでいる姿を見て取れる

　授業は，教師が計画にそって展開すれば，期待通りに児童も生き生きと学び，学習の成果が上がるというような安易なものではありません。授業は，教師と児童との間の双方向のやりとりを活性化しながら，流れを進める「教師と児童とのライブショー」なのです。

　それなら，授業は即興で良いのではないかという意見もあるでしょうが，授業が教育活

動である以上は，一定の予期した成果をあげなければなりません。しかし，このように，ねらいにそった教育効果をあげる授業を企画・展開することは容易なことではないのです。特に授業中の児童の反応に直に触れた経験がほとんどない学生の皆さんにとっては，授業のイメージをとらえ，児童の反応を予測しながら授業を立案することは至難の業となります。本書には，ここをサポートする仕掛けがあるのです。

　それは，この本に載せられているすべての授業実践例は，著者自身や共同研究者によって実践されたものであり，その時の，授業の中での児童の反応が紹介されていることです。家庭科の授業を学んできて，家庭科が大好きになった児童と，これまた家庭科の授業が大好きな教師との間での具体的なやりとりなど，授業のナマの姿を見ることができるからです。これらの教師と児童とのやりとりから，実際の授業での児童の反応がどのような様相を示すかのイメージを膨らませながら，授業づくりに取り組んで欲しいと思います。

4　地域の生活文化の力が家庭科学習を実践に結びつける

　家庭科の学習は，授業で学んだことを，それぞれの生活の場で生かすことができてこそ，結果的に学習の効果があったということができます。あくまでも，教室での学習は，どの子どもに対しても通用する一般化したものにならざるを得ず，個々の児童が自分の暮らしに結びつけにくくなりがちです。これを改善する方法の一つとして，本書に紹介されている実践の多くは，学校と家庭との間に「地域」というパイプを位置づけています。京都という地域に根づいた暮らしの文化や伝統がもっている意味を学ぶことによって，その延長線上に，地域に根づいている我が家の暮らしを再認識することができ，教室での学習を毎日の自分の暮らしにつなげることができていると思います。これは，京都という，現代と歴史的伝統とが融合した文化をもつ，特別で恵まれた土地柄であるから見せやすいという利点はあるでしょうが，それぞれの地域に根づいている生活文化を掘り起こし，意味づけを行うことによっても可能だと思います。これは，その地域の人々が，なぜそのような暮らしを続けてきたのかということを学び，その意味を知ることによって，「暮らすこと」の本質に近づくことができるからだと思います。

　とはいいながら，地域の方々からの協力を得て，地域で育まれてきた文化や地域の人的・物的資源を，学校教育の場に提供していただくためには，学校と地域との間での信頼感の涵養が前提になります。一人一人の児童・教師と地域の方々との信頼関係を構築するための学校づくりという，組織としての学校のあり方が問われることにもなります。本書の実践は，その成功例として高く評価することができましょう。

5　カリキュラム・マネジメントの観点から──「虫の目」と「鳥の目」「魚の目」と

　学校の教育活動は，一時間一時間の授業・諸活動によって成り立っています。家庭科の学習は，5学年で60時間，6学年で55時間行うことになっていますが，現在の児童の家庭

生活の実態から見ると，家庭生活能力の基礎を培うという小学校家庭科の役割を果たすことができる十分な時間数が確保されているとはいいがたい実情です。となると，一層，一時間一時間を決して疎かにできない思いが募ります。「虫の目」として，一時間一時間の家庭科の教育内容を深め教育効果を高めていくことを大切にしたいと思います。しかし，一方で，家庭科の学習内容が，私たちの日常生活に即したものであるため多様性に充ちているという特徴に注目すると，家庭科は，他教科・諸活動とのかかわりを活用した広がりのある学習によって，学習成果をあげることができる教科であることに気づきます。すなわち「鳥の目」「魚の目」で，学校全体のカリキュラムの中での家庭科の位置づけを明確にし，関連を重視することが大切なのです。別々の教科・諸活動で学んだことを，児童一人一人が，自分の中で組織化し体得してはじめて，児童の「生きる力」として身につくのですから，当然教師の側からも，全体を俯瞰したカリキュラム・マネジメントが必要になるのです。

　この点からも，著者は，自校のカリキュラム・マネジメントの観点から，学校のカリキュラム組織論の中での家庭科教育の位置づけについて，本書で述べていることに注目して学んでいただきたいと思います。

　これからは，管理職だけではなく，一人一人の教師が「鳥の目」「魚の目」でカリキュラムを眺めながら，個々の教科教育の充実に取り組むことが必要となります。その際のモデルとして学んでいただきたいと願っております。

　最後に，本書が，教師を目指す方々だけでなく，現在，家庭科を指導しておられる教師の方々が，「自分にしかできない授業づくり」を目指して教材開発に取り組まれるときに，強力なサポーターとなることでしょう。また，「家庭科教育を軸として，学校づくり」を考えておられる管理職の方々にとっても，刺激的な著書となりますことを確信しております。

は じ め に

　学校の教育現場では，新学習指導要領の本格実施に備えて，いろいろな教育実践がなされています。そのような中で，子どもたちが胸をはって「大好きな教科は家庭科です！」と言えるようにしたいと思っています。そして，子どもたちの期待に応えるためにも，先生方には，ぜひ「先生も家庭科大好きだよ！」と宣言できるようにしてほしいと思っています。家庭科という教科は，今まさに，複雑で混沌とした社会において「家族の絆」や「日常の暮らしを見つめ直す」ことの大切さが重要視されてきている中で，もっとも大切な教科であるといえます。家庭科は生活に役立つというだけのたんなる実用教科ではありません。具体的に家庭生活を取り上げた学習は家庭や社会を見つめる素地を養い，ものを見る目や生活の価値観，生活文化の創造を担う力を育む大切な教科なのです。本書は，子どもたちの前に立つ先生方が，この家庭科を教えることが楽しくなるポイントを Lesson 仕立てで紹介していきます。具体的な実践例もたくさん載せています。せひとも目の前の子どもたちを思い浮かべて，自分が授業をしている姿を思い浮かべて，参考にしていただきたいと思っています。これらの実践は，私が長年，教育現場で同僚の先生方と共同研究しながら積んできた授業実践です。どの授業実践も，子どもたちは，私たちの想像を超える反応を示し，無限の可能性や新たな生活者としての感性を持ち備えていることを教えてくれました。これからは，社会の変化はますます目まぐるしくなり，ますます生活者としての価値観は多様化していくでしょう。しかし，子どもたちにはしっかりと自分の生活文化を築き，次代に継承していく生活文化を創造する担い手となっていってもらわないといけません。そのためにも，先生方には自信をもって，楽しく大好きと思いながら，この教科を指導していってほしいと願っています。そうすれば必ず子どもたちは楽しく学ぶ家庭科が好きになるはずです。本書がその一助となれば幸いです。先生も子どもたちも "楽しくなる小学校家庭科"，そういう気持ちから，この本のタイトルをつけました。たくさんの好きになる "学びの秘密" が見つかりますように。

　最後に，本書の巻頭に，長年にわたり私の理論と実践にご指導を賜りました私の恩師である京都教育大学名誉教授の加地芳子先生に推薦文をいただきました。いつも温かく見守りご指導賜り，実践に裏付けられた理論を整理していただいたり，軌道修正をしていただいたりしたおかげで，自分なりの家庭科教育の "軸" を見出すことができました。この場をお借りして先生に厚く御礼申し上げます。また，出版に際し，ご協力いただきましたミネルヴァ書房の吉岡さんにも深く感謝申し上げます。

2019年8月

岸田蘭子

目　次

先生も子どもも楽しくなる
小学校家庭科

——授業づくりの理論と実践——

プロローグ
魅力的な家庭科の学習にするために

■ 子どもはなぜ家庭科が好きなのか

（1）子どもが好きな教科第1位

　5年生になったら，家庭科の勉強が始まります。子どもたちに一番好きな教科を尋ねると「家庭科！」という答えが返ってきます。このことは教育機関の調査でも明らかで（ベネッセ教育総合研究所，2015），25年前の1990年には第4位であった「家庭科」は，なんと一躍トップの第1位に上がってきたのです。

　子どもにとっては，料理を作ったり，作品を作って使ったりできる楽しさはもとより，身近な家庭や地域での生活や時代の変化にともなった消費生活や環境の問題などが取り上げられるようになり，自ら社会的な課題について探究するような学習に魅力を感じ始めているともいえるでしょう。

　子どもは自分で試してみることや，やってみることを通して，確認したり，自信をつけたりしていきます。家庭科の授業の特徴は，実践的であり，体験的であることです。そして，自分の生活に生かしていくことができるところに大きな魅力があるのです。

　いろいろな家庭の背景をもつ子どもがいますが，自分にまかされた仕事をよりよくできるようになりたいと思う子どももいるでしょう。また，家ではあまりしたことがなかったかもしれないけれど，学校での学習体験で自信がついて，家でもやってみようとチャレンジする子どももいるのではないでしょうか。

（2）生活者の一員として学ぶ

　それぞれの子どもの心の中で，思いは膨らんでいきます。友だちといっしょにできる学校での学習は家庭の中では味わえないよさもあります。グループで話し合ったり，計画を立てたり，教え合ったり，助け合ったり，そんな活動を通して学ぶこともいっぱいあるはずです。

　子どもといえども，生活者の一員です。日常生活を営む感性を働かせ，よりよく暮らすというのはどういうことなのか，自分を大事にしてくれる家族とはどういう存在なのか，小学校期の家庭科の学習ならではの，温かい学習ができるのです。そんな温もりのある授業もまた，子どもたちは大好きなのです。

　子どもたちが大好きな教科を大切にしてくれる先生のことを，子どもは嫌いになるはずがありません。だからこそ，先生方も家庭科を大好きな教科の一つとして，日々教壇に

立ってほしいと思うのです。

❷　子どもの目が輝くとき

（1）「先生ほら！」

　何かがうまくいったとき，何かを発見したとき，何か見せたいとき，子どもは目を輝かせてくれます。自信がある子どもたちばかりではありません。はじめてやることに不安がいっぱいな子どももたくさんいます。はじめからうまくいくことばかりでもありません。思いがけない失敗もします。途中で投げ出すこともあります。本当はやってみたいのに手を出さない子もいます。ほめてほしいのに顔には出さない子もいます。いろいろなことが起こります。

　しかし，子どもは正直ですから，よく見ていると，必ず表情が変わります。感想の一言が変わります。反応が変わります。そのかわり，よく見ていないと気づきません。

　子どもの目が輝く一瞬を見逃さないでください。どんな活動のどんな場面で，子どもの目が輝いたか，どんな子どもがどんなときに目を輝かせたか，よくよく考えてみると，次のようなことはないでしょうか。

- 当たり前のことが当たり前でないことに気づいたとき
- なかなかうまくいかなかったことがうまくできるようになったとき
- 計画していたことが思い通りにうまくできたとき
- 誰も気づいていなかったことを発見したとき
- 仲間といっしょに力を合わせてうまくいったとき
- 地道に努力してきたことが叶ったとき
- 誰かに自分の思いが届いたとき

（2）目を輝かせている子どもをイメージして

　家庭科だけにかぎらず，子どもはこんなときに目を輝かせてくるはずです。授業づくりをしていく中で，これがヒントになっていきます。教えたいこと，させたいことが山積みになっているのが現実ですが，子どもと一緒につくる授業は楽しく魅力的なものです。

　何にどのように出会わせるか，どれくらいの時間をかけてやりきらせるか，誰といっしょに喜びを分け合わせるか，どんな言葉かけを用意しておくか，こんなことを考え出すと授業づくりは楽しくおもしろくてたまらないものになっていきます。

　目の前の子どもたちが目を輝かせている顔をイメージしてみましょう。そして，家庭科という教科の扉を開けてみると，子どもたちが目を輝かせて飛びついてきそうな学習の内容がたくさんあることにも気づくことでしょう。

❸ そもそも家庭科とはどんな教科なのか

（1）自立につなげるために

　家庭科の学習は，子どもたちの身近な家庭生活を取り上げて，実践的・体験的な活動を通して，より楽しくより充実した家庭生活にするために，自分で考えたり工夫したりしていく学習です。それは，子どもが家庭生活の主役になっていくための手段や方法を身につけるとともに，いろいろな事象を通して新しい発見をしたり，物の見方や考え方を広げたり深めたりしながら自立に向かっていく学びともいえます。

　家庭科は，小学校の教科の中でも第５学年から始まる教科ですから，子どもたちにとっては，とても新鮮な出会いをしていきます。子どもたちは，それまでに様々な教科の学習や学校での体験活動を通して，その基礎となる学習を積んできています。そして，家庭の中でも，それまで見守られて大切に育ててきてもらった存在なのです。

（2）自分の家庭生活に始まり家庭生活に戻る

　子どもたちにとっては，「いよいよ自分の出番だ！」といったところでしょうか。また，子どもによっては，算数や国語が苦手とか，体育や音楽が苦手と思っている子どももいるでしょうが，5年生になってみんながはじめて同じスタートラインに立つということもまた他教科にはない魅力なのかもしれません。

　家庭科の授業は，たんに料理が上手に作れるとか，お裁縫が得意といったことで評価されるわけではありません。経験を積んでいけば上手になっていくにちがいありませんが，「どれだけ興味深く家庭生活を見つめようとしているか」「どれだけ自分で考えて工夫してよりよい生活について考えようとしているか」「学んだことを生かして日常の家庭生活でも実践してみようとしているか」が大切な姿であることを忘れてはいけません。

　それはつねに，子ども自身が自分の家庭生活を見つめることに始まり，学びを自分の家庭生活に生かしていくというサイクルを繰り返す中でつくられていく姿です。

　発見する喜びと，自分にもできるという自信と，自分も家族や地域の一員として役に立つという自己有用感そのものが学びの足跡であり，財産となっていくのです。こんな素晴らしい教科に出会う時間は生涯の宝物となるでしょう。

　今まで，もっと家庭科の時間が重視されてきていたら，若者は自信をもって自立した生活を送れていたでしょうし，社会の中での思いやりを育む家庭のあり様も違ってきたにちがいありません。世の中がどんどん便利になる反面，人々の生活を営む力は退化していっています。また，社会が進歩すればするほど，家庭や家族の関係はより稀薄になり，思わぬ方向に様々な社会問題が引き起こされているのではないでしょうか。そんなときに起こったのが東日本大震災でした。"家族の絆"がキーワードとなり，今もその癒えない傷

を心に残しながら生活を余儀なくされている人も多いのです。

　今一度，家庭科という教科がなんのために，小学校第5学年から始まるのか，何を目指そうとしているのか，まずはそこを原点に，この教科をぜひとも"好き"になっていただきたいと思うのです。

４　教師が自信をもって教えるために──不安を自信に変えるために

　どんな教科を教えるときも，教師が教壇に立つとき，自信をもって教えたいのは当然のことでしょう。では，どんなときに自信がもてず不安なのか考えてみましょう。

「やったことがない」

「方法が自分もよくわかっていない」

「どれくらい時間がかかるかわからない」

「どれくらいの量なのかわからない」

「どうすればよいか解決のしかたがわからない」

では，逆にどんなときに自信をもって教えることができるのでしょうか。それは，

「自分もやったことがある」

「やったことがあるから失敗しやすいところもうまくいく方法もわかる」

「やったことがあるからどれくらい時間がかかるかもわかる」

「やったことがあるからどれくらいの量かその感覚がわかる」

「やったことがあるから，どうすれば解決できるか教えられる」

　そう，大切なことはまず，教師が自分で実際に生活経験しているか，していないかで大きくちがってくるということです。子どもにさせる前に，必ずまずは自分で経験してみることから始めましょう。できない子どもの気持ちになる，そうすると，どんな指示があるとわかりやすいのか，どれくらい時間が与えられれば安心できるのか，どんな形態で学習できると学習が保障できるのかもわかってくる。どんな教具やワークシートがあれば思考できるのかも見えてきます。

　それに教師自身があらかじめ教材研究や準備を丁寧にしておくことは，事故の防止にもつながります。家庭科は楽しい分，リスクもともなう学習です。つまずきや失敗を予測することは事故の防止にもつながります。欠かせない視点です。いいかげんな授業の準備をすると，計画通りにも進まず無駄も多くなります。家庭生活を営む上でも"無駄"は一番の課題なのです。毎日の家庭生活は，臨機応変の連続です。繰り返される毎日の生活の中で，瞬時に何を取捨選択し，何を妥協するか，判断をしていかなくてはなりません。そういった日常の実践力の基礎の力を培い，生活者としての価値観を育むのが家庭科の役割だと考えれば，教える立場である教師もまた，日常の実践力を身につけ，生活者としての価値観を身につけていくことが安心して指導できる自信につながっていくのだといえるでしょう。

Lesson 1
年間指導計画と題材の構成を考えてみよう
── 家庭科の年間指導計画はどのように立てるのか ──

▌1▐　学習指導要領が目指す家庭科の授業

　はじめに，2017年3月に告示された新学習指導要領の方針として示された三つの柱について見てみましょう。

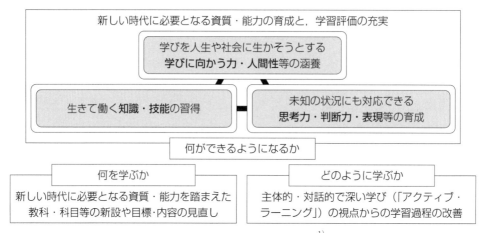

図1-1　新学習指導要領の構造図[1]

　これを受けて，各教科についてもこの三つの柱にもとづき，目標や内容の示し方は大幅に見直されました。

新学習指導要領（平成29年告示）家庭科の目標[2]
　生活の営みに係る見方・考え方を働かせ，衣食住などに関する実践的・体験的な活動を通して，生活をよりよくしようと工夫する資質・能力を次のとおり育成することを目指す。
（1）家族や家庭，衣食住，消費や環境などについて，日常生活に必要な基礎的な理解を図るとともに，それらに係る技能を身に付けるようにする。
（2）日常生活の中から問題を見いだして課題を設定し，様々な解決方法を考え，実践を評価・改善し，考えたことを表現するなど，課題を解決する力を養う。
（3）家庭生活を大切にする心情を育み，家族や地域の人々との関わりを考え，家族の一員として，生活をよりよくしようと工夫する実践的な態度を養う。

（1）目指す資質・能力：何ができるようになるか

　これまでの学習指導要領は，各教科等において「教師が何を教えるか」という指導内容

を中心に構成されてきたことから，改訂のたびに「どの内容がどう変わったか」という内容ベースのことが議論の中心になりがちでした。つまり，子どもたちにこの教科を通して「どんな資質・能力を育むのか」ということよりも，「どんな内容を定着させないといけないか」という思考を指導者に促してきたともいえます。

　新しい学習指導要領の新目標には，生活をよりよくしようと工夫する資質・能力の育成を目指すこととあります。そして，その資質・能力は三つの力であることを明示し，その構造を明らかにしようとしています。その三つの力は，**「知識及び技能」「思考力・判断力・表現力等」「学びに向かう力・人間性等**[3]」の柱に分けて示されています。そして，小学校→中学校→高等学校と発達段階に応じて，目指す力がそれぞれに高くなっていくのです。

　小学校における**「知識及び技能」**は，日常生活に必要な家族や家庭，衣食住，消費や環境等についての基礎的な理解と技能の習得を目指しています。

　「思考力・判断力・表現力等」については「課題を解決する力」の育成を目指しています。具体的にいうと，「日常生活の中から問題を見いだし，課題を設定する力」，「生活課題を生活経験と関連付けて様々な解決方法を構想する力[4]」，「実習，調査，交流活動等を通して，課題の解決に向けて実践した結果を振り返り，考えたことを発表し合い，他者からの意見を踏まえて改善方法を考える」力，「根拠や理由を明確にして分かりやすく説明したり，発表したりできる」力，「他者の思いや考えを聞いたり，自分の考えを分かりやすく伝えたりして計画について評価・改善し，よりよい方法を判断・決定できる」力[5]などを挙げることができます。

　「学びに向かう力・人間性等」については，「家族の一員として生活をよりよくしようと工夫する実践的な態度の育成」を目指しています。具体的にいうと，生活を工夫し実践しようとする「主体的に学習に取り組む態度」はもとより，「家庭生活を大切にする心情」「家族や地域の人々と関わり，協力しようとする態度」「生活を楽しもうとする態度」「日本の生活文化を大切にしようとする態度[6]」などが含まれます。

（2）学習の内容：何を学ぶか

　家庭科の内容構成がどのように改善されたのかみてみましょう。

　まず，小・中・高等学校の内容の系統性をより明確化する視点から小・中学校ともに「Ａ　家族・家庭生活」「Ｂ　衣食住の生活」「Ｃ　消費生活・環境」の三つの内容に再構成されました。

　次に，「Ａ　家族・家庭生活」に（4）「家族・家庭生活についての課題と実践」が新設され，中学校の「生活の課題と実践」や高等学校のホームプロジェクトにつながる学習として位置づけられたのです。いずれにしても，校種を超えて，系統性をもって学習内容が整理されたことがわかります。

```
┌─────────────────────────────────────────────────────────────────────┐
│ B  衣食住の生活                                                        │
│  ┌──────────────────────────────────────────────────────────────┐  │
│  │ …（前略）…の項目について，課題をもって，健康・快適・安全で豊かな食生活，衣生活，住生活 │  │
│  │ に向けて考え，工夫する活動を通して，次の事項を身に付けることができるように指導する。  │  │
│  └──────────────────────────────────────────────────────────────┘  │
│  ┌──────────────┐                                                  │
│  │（1）食事の役割  │                                                  │
│  └──────────────┘                                                  │
│    ┌────────────────────────────────────────────────┐            │
│    │ ア  食事の役割が分かり，…（中略）…理解すること。      │ ⇐ 知識・技能  │
│    └────────────────────────────────────────────────┘            │
│                                                              思考力   │
│    ┌────────────────────────────────────────────────┐      判断力   │
│    │ イ  …（前略）…日常の食事の仕方を考え，工夫すること。   │ ⇐ 表現力   │
│    └────────────────────────────────────────────────┘            │
│  ┌──────────────┐                                                  │
│  │（2）調理の基礎  │                                                  │
│  └──────────────┘                                                  │
│    ┌────────────────────────────────────────────────┐            │
│    │ ア  次のような知識および技能を身に付けること。         │ ⇐ 知識・技能  │
│    └────────────────────────────────────────────────┘            │
│                                                              思考力   │
│    ┌────────────────────────────────────────────────┐      判断力   │
│    │ イ  おいしく食べるために…（中略）…考え，…（中略）…工夫すること。│ ⇐ 表現力 │
│    └────────────────────────────────────────────────┘            │
└─────────────────────────────────────────────────────────────────────┘
```

図1-2　家庭科の内容構成例[7]

　各内容項目の指導事項は，「知識及び技能」の習得に係る「ア」と，知識・技能を活用して「思考力・判断力・表現力等」を育成することに係る「イ」に整理されて示されています。つまり内容項目の示し方にも，資質・能力ベースに重点が移ったことが反映されているといえるでしょう。

　また，働きや役割に関する内容が新たに位置づけられ，衣・食・住・消費生活の指導項目すべてに働きや役割に関する事項がそろいました。このことから「生活の営みに係る見方・考え方」と関連づけて，課題解決を目指すことに気づかせることが一つの重要な視点となるでしょう。その他にも新しい現代的な課題に対応した教育内容を取り上げることで，新しい時代を切り拓き適切に解決できる能力が求められているのです。

（3）学習の方法：どのように学ぶか

　「何を教えるか」から「何ができるようになるか」に重点を移し，資質・能力を育成する学びの過程を重視したのが，今回の学習指導要領の特色です。家庭科の学習においては，一連の学習過程を問題解決的な学習で進めることにより，「生活の営みに係る見方・考え方」を働かせつつ，生活の中の様々な問題の中から課題を設定し，その解決を目指して解決方法を検討し，計画を立てて実践するとともに，その結果を評価・改善するという活動の中で目指す資質・能力が育まれて，高まっていくのではないでしょうか。

　新学習指導要領が目指すのは，学習内容と学習方法の両方を重視し，子どもの学びの過程を質的に高めていくことでもあります。これらの学びの過程や学習方法の充実を図り，授業改善の取組を活性化していくことが重要なのです。

　これまで重視してきた実践的・体験的な学習活動や問題解決的な学習の意義を示しつつ，それらに「**主体的・対話的で深い学び**」の視点を加えて授業改善を図っていくことで子どもたちの学びの質はより高まっていくのではないでしょうか。

　「主体的な学び」とは，題材を通しての見通しをしっかりもち，日常生活の課題の発見や解決に取り組んだり，知識・技能の習得に粘り強く取り組んだり，実践を振り返って新たな課題を見つけ，次の学習に主体的に取り組んだりする態度の育成につながる学びといえます。また，「対話的な学び」とは，いろいろな人と意見を交わすことで自分の考えを明確にしたり，考えを深めたり，多角的・多面的な考えの広がりをつくる学びであるといえます。

　さらに，「深い学び」とは，子どもたちが生活の中から見出して課題を設定し，その解決に向けた解決策の検討・計画，実践，評価・改善という一連の学習過程の中で，生活に係る知識や技能を活用し，「生活の営みに係る見方・考え方」を働かせながら，課題の解決に向けて，考えを構想したり表現したりするなどの，学習内容の深い理解や生活を工夫し創造する資質・能力の育成につながる学びといえます。

　これらの問題解決的な学習を繰り返すことで，様々な生活事象に係る認識が概念的理解として質的に高まったり，主体的に活用できるレベルにまで技能の習得が図られたりするのではないでしょうか。わかるレベルの知識・技能から使えるレベルの知識・技能，さらには生かせるレベルの知識・技能へと探究の過程を経ることで，新たな価値を生み出すような深い学びへと導くことが可能になるのです。

（4）家庭科で目指す資質・能力を育むために

　今回の学習指導要領では，「何ができるようになるか」「何を学ぶか」「どのように学ぶか」の三つの柱で，それぞれの教科の目指すべき姿が論じられていますが，そもそも家庭科の学習は，子どもたちが一人の生活の主体者として自立した家庭生活を送るために，どんな力を身につけさせることが必要かを考えてみてください。

　一人ひとりの心身の安定した生活の基本は，家庭生活の確立です。私たちは家族との生活の中で，心身を休息させ英気を養ってこそ，学校や社会で力を発揮したり活躍したりすることができるのです。また，地域社会での相互扶助によって，その家庭は孤立することなく，安心安定した生活を送るための基盤になるのです。やがては，このように自立した家庭生活を送る生活者となるために，子どもの間から身につけておかなくてはいけないものがあります。たとえば，直感的に自分の命を守り，心身を健康な状態に導くために，危険な要素はないか，安心安全な生活環境であるかどうかを見極める力，これは，食の安全性や衛生的な環境づくり，整理整頓など安全な住環境の整備に結び付きます。また，できるだけ快適に心地よく生活できる環境を生み出すための知恵や工夫，衣服の手入れや清潔な住まいについての知識も必要です。そして，何よりも家族とのつながりを実感すること

や帰属意識を高めることによる情緒の安定，協力共同の精神の涵養が重要です。こういったものが，本来子どもたちに必要な資質・能力として育まれることが，家庭科の学習の目指す姿につながるのではないでしょうか。

❷　年間指導計画の立て方

「主体的・対話的で深い学び」へと導くことは，一つの題材で完結するものではありません。このような学びを実現するためには，意図的に2学年を見通した題材の配列が必要です。

子どもの興味や関心を大切にしながら，実践的・体験的な活動を通して，学習の見通しと振り返りを繰り返すことで，課題解決のプロセスが広がったり，新たな発見につながったりする実感を子どもがもてるように学習を進めて，子ども自身も自分の成長が感じられるような指導計画が必要です。

そのためには，基礎的なものから応用的なものへ，簡単なものから難しいものへ，要素的なものから複合的なものへと次第に学びが深まるように段階的に題材を配列するように心がけておくとよいでしょう。

授業時数や履修学年については，児童や学校，地域の実態等を考慮し，各学校において適切な授業時数（第5学年60時間，第6学年55時間）を配当するとともに，2学年を見通して履修学年や指導内容を適切に配列します。

とくに配慮すべき点として，5年生の学習を始めるにあたって，第4学年までの各教科での学習をふまえて，ガイダンスを履修させることで，これまでの自分の既有の知識や生活経験をもとに，これから学ぶ家庭科の学習内容や学び方について見通しをもたせておくことが大事です。そして，「生活の営みに係る見方・考え方」については，見方・考え方の各視点を働かせてこそ，家庭生活を見直し工夫することができることに気づかせて，各内容の役割や働きについて学習する項目につなげるようにすることも大切です。

さらに，「A　家族・家庭生活」「B　衣食住の生活」「C　消費生活・環境」の各内容を関連させて扱う場合には，効果的に配列することで，自分と家庭のつながりや成長した自分を確認できるように，全体としてつながりがある年間指導計画にしておく必要があります。

また，今回学習指導要領の「A　家族・家庭生活」に設置された（4）「家族・家庭生活についての課題と実践」に係る題材を効果的に配列し，時間を捻出することが大事です。2学年で一つまたは二つの課題を設定して履修させることになっています。習得した知識および技能などを活用し，生活を工夫し，よりよい生活に向けて課題を解決する能力と実践的な態度を育むことが設定の趣旨であることを理解しておきましょう。

❸　題材の構成のしかた

　題材を構成するにあたって，問題解決の過程を「主体的・対話的で深い学び」と関連づけて考えてみましょう。問題解決の過程で子どもが問題意識をもって主体的・対話的に深く考え，工夫することが，学びの質を高め，課題解決する力を育んでいくといえます。
　目指す資質・能力を育む問題解決の過程を題材の構成にあてはめてみましょう。

（1）生活を見つめる（生活の課題発見と主体的・対話的で深い学び）

　子どもたちが自分の生活経験や既有の知識・技能をもとに，期待感をもって自分の生活を見つめ自ら問題を見つけ課題を設定するような展開にしましょう。家族へのインタビューや生活の観察，他者との対話を通して素朴な概念や好奇心を引き出してみましょう。

（2）調べてみる・計画する（解決方法の検討・計画と主体的・対話的で深い学び）

　知識・技能の習得とともに，解決方法を熟考し，計画を立てる段階です。深い学びをもたらすためには，対話的な学びの中で何に着目させるか，どのような気づきを導き出させたいのかを考え，そのための工夫をすることが教師には求められます。一人で熟考したり，ペアやグループで各々の子どもの考え方を比較させたり，広げたり，深めたりすることも考えられますし，一つのテーマを協議したり他者の発表から解決策を検討したりする時間も必要でしょう。その際には，科学的な視点や多面的な見方にも目を向けて，より深い気づきや思考をもたらす工夫が求められます。

（3）やってみる（課題解決に向けた実践活動と主体的・対話的で深い学び）

　ここは「家庭生活に係る見方・考え方」を働かせて学習した知識・技能を活用して課題解決に向けての実習や調査，交流活動等を行う学習場面であり，実感のともなう深い気づきや思考を可能にする主体的・対話的な学びの工夫が求められます。実践しながら活動していく途中で，試行錯誤することが子どもの主体性や課題解決の力を高めていきます。一人で熟考することで活動を整理することもできますし，家族や他者の意見やペア・グループでの考察から自分の実践活動上の課題を再考したりするなど，対話的な学びは深い気づきをもたらし，思考を生み出すプロセスとなっていくのです。

（4）振り返る（実践活動の評価・改善と主体的・対話的で深い学び）

　ここまでくると，実践した結果を振り返って評価・改善し，次の新たな課題を見つける段階です。子どもの意欲や主体性を継続・発展させるための対話的で深い学びの工夫が求められます。実践の結果を根拠や理由を明確にして表現する指導も必要ですし，他者の実

（例）問題解決的な学びから深い学びをつくる年間指導計画

時数	第5学年	学習指導要領の内容	時数	第6学年	学習指導要領の内容
22	1　わたしと家族（4） ① わたしの家族にインタビュー ② わたしにできる仕事は？ ③ 家庭科で学んでいこう	A(1)ア (2)アイ	22	9　朝食から健康な毎日を（8） ① 毎日の朝食を見直そう ② フライパン名人になろう ③ 健康な食生活を目指そう	B(1)ア (2)ア (ｱ)(ｲ)(ｳ)(ｴ) イ(3)ア(ｱ)(ｲ)
	2　作って食べて楽しい生活（9） ① おいしい食べ方を調べてみよう ② ゆで野菜名人になろう ③ 工夫して調理にチャレンジ	B(2)ア (ｱ)(ｲ)(ｳ)(ｴ) イ		10　さわやかな夏の暮らし（6） ① 快適な住まい方とは ② 涼しくさわやかに住まうために ③ マイさわやかプランを立てよう	B(6)ア(ｱ)イ
	3　針と糸で楽しい生活（9） ① 針と糸でできることは？ ② 針と糸でできることを探そう ③ 針と糸を生活に生かそう	B(5)ア (ｱ)(ｲ) イ		11　さわやかな衣生活（8） ① 気持ちの良い着方とは ② さわやかソーイング ③ 清潔でさわやかに過ごそう	B(4)ア (ｱ)(ｲ) (5)ア(ｱ)(ｲ) イ
22	4　きれいで気持ちよい生活（6） ① 気持ちよい生活とは？ ② クリーン名人になろう ③ いつもきれいに住まうために	B(6)アイ C(2)アイ	22	12　生活時間を考えよう（4） ① 毎日の生活時間調べ ② 時間の使い方を工夫しよう ③ わたしの家族と生活時間	A(2)アイ A(3)アイ
	5　毎日の食事を大切にしよう（10） ① 毎日食べている物を見てみよう ② おいしいごはんとみそ汁を作ろう ③ 毎日の食事をよりよいものに	B(1)イ B(2)ア (ｱ)(ｲ)(ｳ)(ｵ) B(3)ア (ｱ)(ｲ)		13　食事を楽しく工夫しよう（12） ① 食事のバランスを考えよう ② わが家のシェフになろう ③ よりよい食生活とは	B(1)アイ(2) ア (ｱ)(ｲ)(ｳ)(ｴ) イ(3)アイ(ｳ) イ
	6　じょうずに買い物しよう（6） ① お金の使い方を考えよう ② 買い物名人になろう ③ かしこいお金の使い方	C(1)ア (ｱ)(ｲ)		14　あたたかな冬の暮らし（6） ① 寒さをしのぐために ② 暖かく住まう工夫 ③ マイホッこりプランをたてよう	B(4)ア(ｱ) イ (6)ア(ｱ)(ｲ) イ
16	7　ミシンが使えたらいいな（12） ① 身の回りのものを探そう ② ミシン名人になろう ③ すてきな作品を作って使おう	B(5)ア (ｱ)(ｲ)イ	11	〈自由研究〉（4） 生活の課題と実践 「わが家のビフォーアフター」	A(4)
	8　すてきな団らんタイム（4） ① 家族との時間を見つめよう ② 団らんプランをたてよう ③ 家族との関わりを考えよう	A(4) A(3)ア(ｱ)イ		15　地域の中で暮らすわたし（11） ① 2年間でできるようになったこと ② 地域の中でできることを話し合おう ③ わたしにできることを考えよう	A(1)ア (3)ア(ｲ) イ(4)

践発表から新たな気づきを得るような場面の設定も考えておくと，達成感とともに生活事象を見つめる視野がさらに広がり深まりのある学習になっていくのではないでしょうか。

　上にあげた年間指導計画の例を見てみましょう。2年間の指導計画をつくるためには，まず，学習指導要領の学習内容をどのようにして2年間の題材の中に配置するかを決めなくてはなりません。そして，その内容の系統性や指導時期を考えて題材を配列します。

「Ａ　家族・家庭生活」「Ｂ　衣食住の生活」「Ｃ　消費生活・環境」のバランスも考えておかなくてはなりません。また，栄養素のはたらきやバランスのよい食べ方の知識理解や，調理実習や被服製作実習での技能習得などは，繰り返し扱うことで，指導に効果があることもあります。その際にも，たんに同じことを繰り返すだけでなく，少しずつ段階をふんで，確実に習得するとともに発展的に学ぶことが必要です。

　たとえば「２　作って食べて楽しい生活」→「５　毎日の食事を大切にしよう」→「９　朝食から健康な毎日を」→「13　食事を楽しく工夫しよう」とつながっていく中で，自分の食生活についての振り返りから，簡単な調理の基礎を学び，しだいに材料や品数を増やしたり，扱う調理法や調理道具を増やしたりして，知識・技能の発展や創意工夫の広がりや深まりを促していくことができます。また，衣生活についても「３　針と糸で楽しい生活」→「７　ミシンが使えたらいいな」→「11　さわやかな衣生活」の流れで，自分にできる身の回りの衣生活を整えることから，誰かのために何かを作ったり，生活を豊かにしたりするためにどのような工夫ができるかを具体物の製作や手入れの仕方を学ぶことによって習得していきます。住生活についても「４　きれいで気持ちよい生活」→「10　さわやかな夏の暮らし」→「14　あたたかな冬の暮らし」の流れの中で，身近な生活環境から，住まいの機能や自然や気候の変化に合わせた暮らし方，地球環境やエネルギーの消費といった持続可能な社会の構築にも目を向けた学習へと発展していきます。2年間の学習指導計画において，家族・家庭生活についてはつねにどの題材においてもかかわらせて題材構成を行っていますが，「１　わたしと家族」「８　すてきな団らんタイム」「12　生活時間を考えよう」「15　地域の中で暮らすわたし」の題材は，家族・家庭生活を中心に焦点を当てて構成した題材です。何度も立ち止まりながら，自分が家庭・地域の一員である自覚をもたせ，具体の場面でのかかわりを通して課題解決する力を身につけられるようにしています。

　また，大題材の配列だけでなく，その中の小題材を見てみると，①　は自分の生活を見つめる　②　調べる・やってみる　③　生活に生かす　という題材構成になっていることがわかります。この学習の流れこそが，問題を見つけ課題を設定し，解決し，生活に生かす課題解決力を身につけていくプロセスになるのです。

　また，今回の新学習指導要領で新設された「Ａ　家族・家庭生活」（４）「家族・家庭生活についての課題と実践」については，実践的な活動を家庭や地域などで行うことができるよう配慮し，2学年間で一つまたは二つの課題を設定して履修させることになっています。それまでに学習した内容との関連を図り課題が設定できるようにすることが大切です。

家庭科室探検から台所探検へ〜暮らしのフィールドをよく見よう〜

題材名 第5学年「わが家にズームイン！」

本実践の特徴

　この実践は5年生の家庭科の学習を始めるにあたって，ガイダンスを行うとともに，学習の場となる家庭科室に入って，何がどこにあるのか，なぜ，そこにあるのか，どのようにしてこの部屋を2年間使っていくのかなどの見通しをもたせながら，そこで発見したことと同じような工夫が家庭生活の中にもあることを発見していく活動として位置づけている。実際の活動内容も生活経験の有無にかかわらず，家庭生活の中の工夫を発見したり気づいて意欲をもったりできるようにする活動が保障されるように工夫している。題材の構成は，問題解決的な学習の型を学ばせるための初歩的なケースともいえる。

1　題材のねらい

　主に協力・協働の見方・考え方を働かせて，家庭生活を見つめ，家族の一員として自分にできる仕事を見つけ，なりたい自分の姿をえがき，実践しようとする態度を身につける。

2　指導計画（全4時間）

第1次　家庭生活・家族を見つめよう………………………… 1時間
第2次　団らんのための仕事から始めよう
　　　　• 家庭科室探検をしよう………………………… 1時間　**本時**
　　　　• お茶をいれよう………………………………… 1時間
第3次　家庭生活を工夫しよう……………………………… 1時間

3　評価について

　家庭には，家庭生活を支える仕事があり，互いに協力し分担する必要があることについて理解し，家庭の仕事の計画をして課題解決を通して，家庭生活を工夫することができる。
　家庭科室探検やお茶をいれる活動を通して，主体的に家庭の仕事を計画して実践していこうとしている。

4　指導の流れ（本時案）

（1）本時の目標

- 家庭科室探検を通して，安全で衛生的な場所で調理を行うことや家庭の台所と関連づけて関心をもち，どこに何があるかがわかる。
- 家庭科室の使い方がわかる。

（2）展開

	学習活動	指導上の留意点
導入	1　本時の学習の見通しをもつ。 家庭科室探検をしてみよう 2　家庭科室を探検して，安全面や衛生面で気づいたことを出し合ってみる。	○家庭科室に行く前に，何があるか予想して，家庭科室マップを持たせて，自由に書き込みができるようにしておく。
展開	3　どこに何が置いてあるか，安全面や衛生面で注意すべき点を話し合い，マップにまとめていく。 4　グループで，メモを見ながら，書いてある道具を探して机上に用意する。 5　後片付けのしかたやごみの分別のしかたについても説明する。 6　出した道具をしまって片づける。	○話し合いの視点を明確にする。 ○掲示物にも目を向けさせ，教科書と合わせてよく似ているところや，違っているところを見つけさせる。 ○どこにどんな道具があるかをしらべながら，準備する道具を見つけて用意させる。 ○調理実習を想定して，協力して準備するように促す。 ○自分が出していない道具を一つずつ片づけるように指示をする。わからない場合は出した人にたずねる。
まとめ	7　学習を振り返る。	○次回の活動を見通しながら学習を振り返るように声かけする。

（3）評価

　家庭科室探検をして，安全で衛生的な場所で調理を行うことを理解するとともに，家庭の台所にも関心をもって，どこに何があるか，どのように家庭科室を使うかが理解できたか。

5 実践を通しての子どもの様子

　子どもたちは，5年生から始まった家庭科の学習で，家庭科室に入るのをわくわく楽しみにしている。調理実習でどんなものを作るのだろう？　中にはどんなものがあるのだろう？　みんなでどうやって使うのだろう？　そこは，学校でありながら，日常の生活の匂いがする，子どもにとっては何とも特殊な場所である。5年生になるまでは，高学年が何やらおいしそうなものをいい匂いをさせながら作って，おいしそうに食べて学習していたのを知っている。いよいよ自分たちにもその番が回ってきたのだ！

　家庭科室に入ると，きょろきょろしながら，いろいろなものを発見する。

　「あ，このふた開けたら，流し台になってる。」「こっちはコンロ台！」「イスがしまえるようになってるよ。」

T（教師）「それでは，今から，台の上にメモがありますから，書いてあるものをグループで協力して出してきてください。」

　どこに何が入っているかを自由に散策させる方法もあるが，次回の調理実習のシミュレーションもかねて，何がどこに入っているかを探しながら準備させてみることにした。どんどん，張り切って探してテーブルに置いていく子もいる。少しおっとりしている子どもは，人のあとについて探しながらも，興味深くどこに何が入っているかを見ている。

　台の上に調理用具がそろった。子どもたちはもう今すぐにでも，調理をしたそうな顔をしている。前向きになっているところで，用具の後始末のルールやごみの分別のルール，流し台やコンロ台をきれいに使うことについて約束をしておくと，実際の調理実習の時間がとても楽になる。

　だが，これで終わりではない。

T「では，出した道具をしまうよ。一つだけルールを言うよ。自分が出していない道具を一つずつ片づけることにします。」

　張り切って，全部自分が出してきた子どもは出番がない。消極的ではあったが，ちゃんと見ていた子どもは意欲的に道具を手に取って，片付けに行く。人任せで，何も見ていなかった子どもは，出してきた子どもにたずねている。C「これってどこにあったんだっけ？」出してきた子どもは得意げに手を引っ張って連れていって「ここ，ここ。」と教えている。"協力する"とはどういうことか身をもって知ることになる。こんな風にすると，どこに何があるかしっかり覚えておこうとする。

　調理実習でありがちな，"やるときは意欲満々だけど，後片付けは知らんふり"を防ぐための布石を家庭科室探検と一緒に打っておくのである。

T「では，今度はおうちでも，台所探検してきてね。もっとすごい秘密が見つかるよ。」

　こうして，家庭学習の課題として台所探検してくることになった子どもたち。多くのことを発見してきた。

　「私は，食器棚にいろんな食器があるのをはじめて見ました。お母さんに聞いたら，料

理や季節によって使い分けるのよと教えてくれました。」

「ぼくは，冷蔵庫探検をしました。すると毎日使う卵の場所が古いのは手前に，新しいのは奥に入れてあるのがわかってびっくりしました。古いのから使うように買ってきたときに並べていたのです。すごい発見でした。」

「私は，調味料のおしょうゆや油の予備が買ってあるのを見つけました。おばあちゃんに聞いてみたら，急に足りなくなったときにあわてなくてすむようにストックしておくのだと聞きました。買い物をするときにも考えているのだなあと思いました。」

「ぼくは，よく見たら流し台にスポンジが2種類あったので，不思議に思いました。すると，流し台の掃除用と食器用を分けて衛生的にしていることがわかりました。そういうことにも気を配らないといけないのだと思いました。」

　このように，当たり前のように見ていた家の中の台所をよく観察してみると，不思議に思うことや，感心するようなことをたくさん発見することができた。これから，家庭科の学習が始まると，各家庭が実践のフィールドになる。自分のフィールドをよく知ることで，使いやすくなり，応用していく力がついていくのではないかと思う。

6　ワークシート・資料

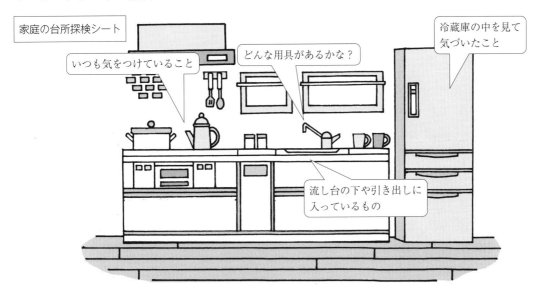

🔍 実践のポイント

・「家庭での実践」といわれても子どもたちは実際に家のどこに何があるかを知らないことが多い。

・自分自身もまた生活者であるという自覚と認識をもつことからはじめよう。

・どこに何があるかわかるように，使いやすく整理されていることや，家族で協力して共通理解しておくべきことなど，たくさんの発見があるはずだ。

Lesson 2
自信をもって任せて子どもに力をつけよう
―― 実習は段階をふんで，ホップ・ステップ・ジャンプ！ ――

■1 子どもは何が不安か

（1）子どもの発達の道筋を理解する

　子どもはそもそも好奇心旺盛で，やったことがないことには，挑戦意欲をもち，「見てみたい」「やってみたい」気持ちをもっています。ただ，家庭科が始まる5年生の4月は，この好奇心による期待感をもつ反面，やったことがないことへの見通しの立たない不安感をもつ子どもも少なくないのです。生活経験が乏しくなってきている昨今は，いろいろな生活の道具を使いこなすことが難しいどころか，大人が道具を使っている場面を見た経験すらないということさえ起こっています。

　実践的・体験的な学習を大切にするからには，こういったレディネスをしっかり把握しておかなければなりません。実際にやった経験がないだけではなく，家庭生活に対する意識も関心も薄いまま，学習に直面する子どもだっているはずです。

　第5学年ならどれくらいのことが理解でき，どれくらいの巧緻性があるのでしょうか。生活背景によって個人差も大きいですから，見通しをもって授業をするために事前に調査をしておいた方がよいかもしれません。

- 家庭生活の認識に結び付く言葉をどれくらい知っているか（道具の名前や生活の様子を表す言葉）

- 家庭生活に必要な道具や設備を使った経験がどれくらいあるか（使った経験があるか，使いこなせるか）

- 現在の家庭生活に満足しているか，どのような価値観をもって生活しているか（今のままで満足か，課題意識をもっているか）

　2年間の学習をしていく中で，子どもたちは成長を遂げていきます。5年生のはじめに気づかなかったことにも目が向けられていくようになります。子ども自身が学習の始まりの時点の自分について知ることは，成長を実感するためにも大切なことです。学校の実態や家庭の実態を把握することはとても大切なことなのです。

（2）子どもの実態と家庭の背景を知る

　子どもたちに安心して学ぶ準備を整えること，そして，満足感が得られるために必要な環境を整えることは教師が心がけておくことの中でもとても重要なことです。そのために

は，子どもの実態をとらえておいたり，家庭の背景を十分に理解したりして，学習を構想していかなくてはなりません。

　たとえば，子どもたちは毎日の生活の中で，どのような家庭環境の中で暮らしているのでしょうか。家族の一員としての役割を任されて，幼い妹や弟の世話をしたり，食事の準備や衣服の手入れまで自分のことは自分でしたりしている子どももいれば，寝食は十分に満たされて何不自由ない生活をしているようでも自分のことは何一つ自分でさせてもらうことができていない子どももいます。家庭の果たす機能は，社会の急激な変化とともに，多様な価値観のもとで時代とともに変化してきました。一律に語ることができない家庭の姿があります。しかし，今，小学生である子どもたちは確実に大人になり，自分の家庭を築く立場になっていきます。自分がこれまで過ごしてきた家庭生活，現在の家庭生活，これからの家庭生活，生涯を見通した家庭生活というように学校段階に応じた時間軸の視点をもちながら学んでいくことになります。今現在の家庭生活をよりよいものにしていくという考え方は小学校・中学校・高等学校へと進む中で，将来の自分が築く家庭生活の実現に向けて，つねに子どもの実態や背景に寄り添いながら，いつも柔軟でありながらも前向きにとらえていく姿を支援し続けていくのが，家庭科の果たす役割なのです。

　だからこそ，小学校家庭科を始めるにあたっては，些細なことにも気を配り，経験のない子どもにも安心して学び，挑戦できる機会を保障し，自信をもってやり遂げさせる学習を保障していかなくてはならないのです。

② 子どもの願いは何か

（1）子どもの知的好奇心を引き出そう

　子どもは当たり前のように展開される日常の生活のしくみに"学習"の対象として向き合ったときに，目を輝かせて，その本質にせまろうとします。ともすれば，見過ごしてしまいそうな日常の生活事象もその成り立ちや原理，科学的な根拠や，生活文化の継承を知ることによって，より丁寧に物事を見つめ，丁寧に自分の生活に向き合えるようになります。

　たとえば，一体炊飯器の中で何が起こっていて，どうしてあのおいしいご飯が炊けるのか，あるいは，洗濯機の中で何が起こっているから衣服の汚れが落ちて真っ白になるのか，考えたこともなかった事象の原理を知ることで，もっと知りたい，もっと試してみたいという欲求が湧いてくるのです。自ら体験することによって，日常の生活が何事もなく円滑に行われていることに感謝したり，環境の視点から見れば快適さだけを追求していてはいけないことにも気づいたりしていきます。現代の生活が伝統と文化に支えられて成り立っていくことを知る機会にもなっていくのです。

（2）安心して取り組める条件を考えよう

　子どもたちは，未知の経験はしたいのですが，いざ，自分たちで何もかもやらなければならなくなると，たちまち，不安が押し寄せます。まず，何をどうすればよいのかという見通しをもたせることが必要です。見通しの中にもいくつか要素があります。

①活動や作業の行程を明らかにする

　どんな計画でどのような手順で進めればよいか，活動場面を絵カードや写真や映像で見ることで見通しが立ちます。特別な支援の必要な子どもにとっても視覚支援は必要です。また，その手順や計画を自分なりの言葉や図でワークシートやカードに記すことで，さらに確実に見通しをもつことができます。

②必要な道具や準備物を整えていく

　何かの活動をしようとすると，経験の少ない者ほど，道具や必要な準備物が整っていないことで慌てたり，パニックになってしまったりしがちです。実習に必要な道具類やそれがしまってあるところを下見させたり，使い方を事前に調べたり，練習をしたりして準備を整えておきます。

③危険なことを予測しておく

　経験がないと失敗や危険な状態も予測がたちません。「こういうことをすると，こんなことが起こる」ということを具体的にインプットして安全に活動できるようにするための留意点を確認するとともに，常時掲示物として教室内で意識しておけるようにします。

④適切な活動を保障する

　経験がないと，自分の力量に見合う現実的な計画が立てられないこともよくあります。子ども任せにせずに，一人ひとりの活動の計画を入念に点検するとともに，確実に一人ひとりに学習経験を通して身につけさせたい内容を明確にして，学習に臨むようにします。たとえば，調理実習の材料の量は，多すぎず，少なすぎず，活動時間に見合う量を用意したり，被服製作活動においても一時間の作業量を明確にして，進度に差が出て遅れがちな子どもの意欲が減退したりしないように配慮することも必要です。

（3）教材の系統性を理解しよう

　2年間の学びを通して，子どもたちは家庭生活をよりよくするために必要な知識や技能を身につけるとともに，課題解決を図る力を身につけていきます。そのためには学習の内容は平易なものから複雑なものへと系統性をふまえて配列することが大切です。新学習指導要領を見てみると，指導内容のB（2）「調理の基礎」及びB（5）「生活を豊かにするための布を用いた製作」については，基礎的・基本的な知識及び技能の定着を図り，学習が無理なく効果的に進められるように，…（略）…基礎的なものから応用的なものへ，簡単なものから複雑なものへと…（略）…段階的に題材を配列します[1]。

　また，たとえば栄養についての学習のように反復学習が必要なものについては，学習に

おける題材の位置づけを明確にしながら，繰り返し指導計画に位置づけて盛り込むなどの工夫も必要です。題材のつながりの中で身につけた知識や技能が，実際の生活の中で活用されたり，授業の中で，応用・発展させて総合的に扱う学習活動を構成したりすることで，よりいっそう定着が図られていきます。学んだことを活用する場面を意図した題材を構成するなどの工夫も必要です。

　そのほかにも学年の発展性や系統性，季節，学校行事との関連，地域との連携など多様な要素を含めての題材の配列の工夫が必要です。

（4）学習形態を工夫しよう

　学習集団として，学習内容や学習展開によっては，一斉学習の形にこだわる必要はありません。また，実習を行う場合も，家庭科室のテーブルごとのグループ学習の形にこだわる必要はありません。より効果的で，より充実した学習をするとしたら，どのような学習形態をとるのがよいかを考えるようにします。

　たとえば，実習をともなう授業の場合，5年生でのはじめての調理など，確実に基礎的な知識や技能を身につけさせたい場合には，活動を保障するために，一人実習を行ったり，ペアで交代学習をしたりして，自分でやり遂げる経験をさせ，自信をつけさせ，確実な習得をねらいます。しかし，系統的に学習を進めていくと作業も複雑になったり時間がかかったりすることから，分業したり，協力し合ったりする場面がでてきます。そんなときには，4〜6人くらいのグループを組んで，役割分担をしながら協力して計画から実習，振り返りまでを協働学習させていきます。そのためには，一人ひとりが任された仕事を確実にこなすだけの基礎の力が身についていないといけません。それぞれが責任をもって学習に臨む力を備えてこそのグループ学習です。こうやって，学習形態をも計画的に仕組まれた指導計画で学習が積み上がっていくと，2年間の学びが終わるころには，生活経験の個人差がほとんど感じられなくなっていきます。

　また，実践的・体験的な学習以外の場合もペアや3人組，グループで話し合っていくうちに，自分での気づき以外の多様なものの見方や考え方を取り入れて，視野を広げて生活を創造する姿が見られるようになっていくのです。

実習の手だて例

①食に関する領域

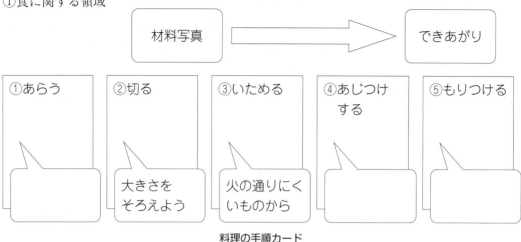

料理の手順カード

　計画を立てるときにも手順を確かめるためにカードを用いる。基本的な調理の流れは，どのような調理法でも同じなので，活用できる。

T「野菜いためを作ろうと思います」（材料とできあがりの写真を見せる）

T「この材料をどうすればこの料理ができるの？」

C「フライパンでいためる！」T「そうだねいためるんだね。」（カード③を掲示）

C「えっ，③てことはその前にすることがあるからね……」

C「わかった！　野菜を切る！」T「そうだね，切るんだね」（カード②を掲示）

C「その前に何するの？野菜を洗う？」T「そうだね，野菜はきれいに洗うよ」（カード①を掲示）

C「じゃあ，あと何があるかな，皿に盛りつける？」（カード⑤を掲示）

C「えっ，何か忘れてる？　あっ，味つけしなきゃ」T「そうだね，美味しく味つけ」（カード④を掲示）

T「では，もっとおいしくするために，それぞれの手順で気をつけるポイントを話し合ってみよう」（吹き出しカードを用意する）

　このように，同じ絵カードを用意しても，使い方によって効果は変わってきます。子どもが主体的に考えて見通しをもって計画を立てる手順をいかに手助けするかが大切なポイントです。

　計画を立てるワークシートには，必ず準備物を書くようにすると，作業の見通しを立てるシミュレーション活動にもつながります。鍋の大きさや道具の片付け方なども子どもと一緒に事前に確認しておくと，余計な時間をロスすることがありません。

　そして，何よりも大切な準備は，指導者が一度ためしに実習をしておくことです。理科の予備実験と同じです。子どもがどこでつまずくかがよくわかります。

②衣に関する領域

　被服製作実習の場合，何回かにわたって作品づくりを行っていくことが多いです。その際に計画段階から製作行程を明らかにし，どれだけの時間をかけてどれだけの作業を進めることができるかについて，子どもたちといっしょに見通しを立てます。作り方の手順がわからないままに製作に入ると，「次は何をしたらいいの？」の質問攻めの時間が続くことになります。子どもたちはしっかり自分の計画ができていれば，自ずと主体的に計画にそって製作をしていくことができます。

　ただ，個別の作業だけにならないように，うまく，ペアでの活動やグループでの活動を取り入れると，互いにアドバイスをしたり，教え合ったり助け合ったりして進めることができます。

　たとえば，製作カードはこのような形のものを使います。

製作カード（ナップザックの例）

		製作の手順	終わった日	振り返って
計画	①	形や大きさを考えて計画する	／	
製作	②	しるしを付ける	／	
	③	布をたつ	／	
	④	わきをぬう	／	
	⑤	ふくろの口をぬう	／	
	⑥	表に返してひもを通す	／	
	⑦	糸を始末してアイロンをかけて仕上げる	／	
交流・活用	⑧	作品を交流する	／	
	⑨	実際に使ってみる	／	

　ミシンの扱いについては，子どもたちが自分たちで主体的に，使い方を覚えて，安全に上手に扱えるようになるための「マスターカード」を使ったりすると，とても有効です。

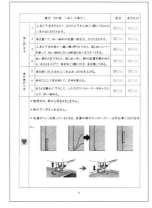

マスターカード[2]

一人実習からペア・グループ実習へ

題材名 第5学年「おいしい調理の力～ゆで卵を作ろう～」

本実践の特徴

　5年生のはじめての調理実習で，子どもたちの生活体験はそれぞれ大きく異なっている。そんな中で，自分で確実にコンロに点火したり，自分で火を調節したりしながら，自分でゆで時間を決めて一人実習をする。今後の調理実習は，ペアやグループでの活動が多くなるが，ゆとりがある"ゆで卵"の実習で，一人で自信をもって，コンロの火をつけたり，火加減を調節したりできるようにしておく。

1　題材のねらい

　主に健康・安全等の視点による見方・考え方を働かせて，ゆでる調理の仕方を知り，工夫しておいしく食べる方法について考える。

2　指導計画（全6時間）

第1次　料理の作り方を考えよう……………………………… 1時間
第2次　ゆでる調理をしよう…………………………………… 4時間
　　　・ゆでる調理の特徴を知り，計画を立てよう
　　　・ゆで卵を作ろう……………………………………**本時（2/4）**
　　　・とっておきの野菜サラダの調理計画を立てよう
　　　・とっておきの野菜サラダを作ろう
第3次　工夫しておいしい料理にしよう………………………… 1時間

3　評価について

・調理に必要な材料の分量や手順がわかり，調理計画について理解し，安全で衛生的な加熱調理ができるようになる。材料に応じた洗い方，調理に適した切り方，ゆで方，味の付け方，盛り付け，配膳および後片付けを理解して適切にできる。

・おいしく食べるために主体的に調理計画を考え，調理の仕方を工夫し，家庭実践に生かそうとしている。

4　指導の流れ（本時案）

（1）本時の目標

　ゆで時間を考えて，自分の好みのゆで加減のゆで卵を作ることができる。

（2）展開

	学習活動	指導上の留意点
導入	1　本時の学習の見通しをもつ。	
	自分の好みのゆで加減のゆで卵を作ろう	
	2　自分の好みのゆで加減にするために考えておかないといけないことを確かめる。	○前時の学習から，ゆで時間によってゆで加減がちがうことを確かめて，自分のゆで時間を決める。
展開	3　実習の準備をして，グループで話し合って，ゆでる調理を始める。	○グループで協力し合って，実習の準備をする。 ○グループのそれぞれが，どのようなゆで加減のゆで卵を作りたいかを話し合う。
	4　自分の好みのゆで加減に合わせて，自分の卵を取りだす。	○自分の卵を取りだして，割ってみる。
	5　思い通りのゆで加減になっているか，話し合う。	○思い通りのゆで加減になっていたか，失敗や成功の原因について考えを話し合う。何度やっても成功させるために必要なポイントについて考える。
	6　協力して用具の後片付けをする。	
まとめ	7　学習を振り返る。	○めあてにそって，学習を振り返り，家庭実践に生かす。

（3）評価

　ゆで時間を考えて，自分の好みのゆで加減のゆで卵を作ることができたか。

題材名　第5学年「おいしい調理の力～とっておきの私の野菜サラダを作ろう～」

本実践の特徴

　これまでの学習で基礎的・基本的な知識や技能を身につけ，調理に対する興味や関心も高まってきている。今回は，自分で考えた野菜サラダの調理実習の計画を立てて，実習する題材である。知識や技能を確実に習得させるとともに，一人ひとりの思いを大切にした実習を経験させたい。

1　題材のねらい

　主に健康・安全等の視点による見方・考え方を働かせて，調理の仕方や手順を知り，自分なりに工夫した野菜サラダを作ることができる。

2　指導計画（全6時間）

第1次　料理の作り方を考えよう……………………………… 1時間

第2次　おいしく調理をしよう………………………………… 4時間

　　　• ゆでる調理の特徴を知り，計画を立てる

　　　• ゆで卵を作ろう

　　　• とっておきの野菜サラダの調理計画を立てよう

　　　• とっておきの野菜サラダを作ろう……………**本時**（4/4）

第3次　工夫しておいしい料理にしよう……………………… 1時間

3　評価について

• 調理に必要な材料の分量や手順がわかり，調理計画について理解するとともに，調理に必要な用具や食器の安全で衛生的な取扱い，加熱用調理器具の安全な取扱い，調理に応じた洗い方，調理に適した切り方，材料に適したゆで方，味の付け方，盛り付け，配膳および後片付けを理解し，適切にできている。

• おいしく食べるために主体的に調理計画を考え，調理の仕方を工夫し，家庭実践に生かそうとしている。

4　指導の流れ（本時案）

（1）本時の目標

　計画にそってとっておきの私の野菜サラダを作ることができる。

（2）展開

	学習活動	指導上の留意点
導入	1　本時の学習の見通しをもつ。	
	とっておきの私の野菜サラダを作ろう	
	2　自分の立てた計画をもとに，手順や留意点を確認する。	○自分の調理計画表をもとに手順や留意点を確認し，実習のめあてを発表し，話し合う。
展開	3　グループで協力して，計画にもとづいて，それぞれのとっておきのサラダを作る。	○一人ひとりが主体的に実習できるように支援する。コンロを使うときには，三人が一組となって，互いに実習の進行に協力し，アドバイスし合うようにする。切り方については一人ひとり自分の計画にそって材料を切る。 ○トッピングや味つけも自分の計画にそって準備する。
	4　試食しながら，実習の進め方やサラダのできばえについて話し合う。	○安全面や衛生面にも留意し，基本的な技能の獲得につまずきがないか，支援が必要な子どもがいないか見る。
	5　協力して後片付けをする。	○できあがったら，試食しながら，実習の進め方で問題がなかったか，おかずのできばえについて交流する。できなかったことや，改善点があればまとめておく。
まとめ	7　学習を振り返る。	○これまでの実習でできるようになったことを振り返り，家庭実践に生かす。

（3）評価

　計画にそってとっておきの私の野菜サラダを作ることができる。

5　活動の様子

第5学年　「ゆで卵を作ろう」

　まず，ゆで卵の実習から始まった。ここでは，あらかじめ，どれくらいの時間卵をゆでると，どのようなゆで卵が作れるのか，サンプルを見せて，自分の好みのゆで加減から，ゆでる時間を決めて一人実習させることにした。はじめての実習では，一人ひとりが確実に活動を保障されるようにしておく。

　C「わたしは，固ゆでがいいから15分にする。」
　C「ぼくは半熟が好きだから，5分にするね。」
　C「うーん，迷うなあ。5分ではやわらかすぎるし。」
　C「じゃあ，7分か8分にしたら。」
　C「そうだね。みんな誰が何分かおぼえとかないと。」

　C「いいこと考えた。卵に名前と〇分かを書いておこう。時間はかって，順番に取り出したら。」

　C「そうやな，そしたら卵も間違わないし，いいよね。」

　一人実習ではあるが，このように一人ひとりの思いや考えを尊重しながら，グループで計画していくことを大切にしたい。

第5学年　「とっておきの私の野菜サラダを作ろう」

　そして，次は，ここでの経験をステップにして，野菜サラダの調理実習の場面である。ここでは，子どもたちに主体的に実習の計画を立ててもらうために，三つの野菜サラダのサンプルを提示した。

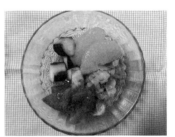

　T「三つの野菜サラダをよく見てね。何かちがうところはありますか？」
　C「きゅうりの切り方が三つともちがうよ。」
　C「よく見たら，トマトもキャベツもちがうよ。」
　C「切り方もちがうけど，並べ方というのか盛り付け方がちがう。」
　C「上に乗っているものがちがいます。海苔とかコーンとかミカンとか。」
　C「わー，どれもおいしそうだけど，味もちがうんですか？」
　T「そうですね。写真では味はわからないものね。じつは，ドレッシングも3種類あるの。」
　C「ひょっとして，この間のゆで卵みたいに，一人ひとり自分の野菜サラダが作れるの？」

　こうして，「とっておきの私の野菜サラダを作ろう」の課題が作られていく。次は，こ

野菜サラダを作る手順をまとめましょう

①	②	③	④	⑤ キャベツをほぐれる　赤　みどり
野菜をあらう	野菜をゆでる	野菜を切る	もりつけて味つけをする	トッピングにコーンそのせる。ドレッシングはフレンチにする。
しっかりと洗う手をあらう	ゆですぎないブロッコリーは切ってから分けてトマトは湯もきる	切るときの手の形にちゅういブロッコリーへたをとる	場所や色どりに気をつける	

の課題解決の方法を整理していかなくてはならない。実習の計画を立てるために，次のようなワークシートを用意した。

　このような調理実習の計画カードを書かせる場合には，書きやすいところから書かせるように促す声かけが大事である。また，自分の思いがなかなかもちにくい子どもには，トッピングを三つ（コーン，みかん，海苔）のうちから選ぶ，ドレッシングを三つ（フレンチ，和風，中華風）のうちから選ぶことを促したり，きゅうりの切り方はどんな風にしたいかなどについて，サンプルを使いながら思考を促していく。はずみがつくと，計画はどんどん進んでいく。

　ついついグループで実習の計画を立てると，生活経験の豊かな子どもがリーダーシップをとってどんどん進めていくが，逆に生活経験が乏しかったり，自分の思いが表面に出しにくい子どもは活動を奪われがちである。一つずつ自分で問題解決することで自信をつけられるようにしなければならない。このことは，5年生のはじめての調理実習ではなおさら大事にしなくてはならない。

　いよいよ実習の場面となった。

T「自分で責任をもってしなくてはいけない仕事は何？」

C「切り方がちがうんだから，野菜を切るのは一人ひとり」

C「ドレッシングの計量も自分でしないと。だから瓶を持ってきたんだな。選んだトッピングもですね。」

T「では，ペアか3人組でするのは？」

C「一人ずつするけど，交代で見てあげる。」

C「鍋でゆでるとか，後片付けとかはみんなでする。」

　こうやって，一人ひとりに公平に保障しないといけない活動があることや，助け合わないとできない活動もあることがわかってくると，この後の2年間の調理実習でも，臨機応変に計画を立てながらグループで実習することができるのである。

一人で野菜を切っている

三人で野菜をゆでて観察する

🔍 実践のポイント

- 一人ひとりが自信をもてるように計画から実習までの活動を保障することが大切である。そのためには，活動のさせ方やワークシートを工夫する必要がある。
- 子どもたち自身に，一人ですること，ペアやグループですべきことを考えさせていくと，「協力」の意味が具体的な活動を通して理解できるようになる。「協力」の基盤には，一人ひとりの確実な知識・技能の獲得と「自信」が必要である。

エア調理で自信をつけよう

題材名　第5学年「おいしい楽しい調理の力～ゆで野菜の調理～」

本実践の特徴

　5年生になってはじめての調理実習でゆでる調理を行う。はじめての調理実習では，使う用具の準備や動線の確認，用具の後始末の仕方まで，基礎・基本をしっかり指導しておく必要がある。説明ばかりしてみても，実際の実習になってみると，子どもたちは見通しがなく，あわててしまうので，安全面でも不安がある。できるだけ主体的に見通しを立てさせながらペアやグループで協力することのよさや必要性も実感させたい。そのためにエア調理の時間をとってシミュレーション活動を取り入れることによって，実習の見通しを持たせた実践である。

　※シミュレーション活動にはシミュレーションキットとして各グループにコンロ台・シンク・包丁・まな板・鍋・ざる・ボウル・玉杓子・菜箸・軽量スプーンなどの調理用具の絵をラミネートしてセットにしたものを用意する。

1　題材のねらい

　主に健康・安全等の視点による見方・考え方を働かせて，ゆでる調理の仕方を知り，工夫しておいしく食べる方法について考える。

2　指導計画（全6時間）

第1次　料理の作り方を考えよう……………………………………1時間
第2次　ゆでる調理をしよう…………………………………………4時間
　　　• ゆでる調理の特徴を調べて調理計画を立てよう
　　　• エア調理をしよう……………………………………**本時**（2/4）
　　　• 好みのゆで加減にゆでて，ゆで野菜サラダを作ろう（2時間）
第3次　工夫しておいしい料理にしよう……………………1時間

3　評価について

• 調理に必要な材料の分量や手順がわかり，調理計画について理解するとともに，調理に必要な用具や食器の安全で衛生的な取扱い，加熱用調理器具の安全な取扱い，調理に応じた洗い方，調理に適した切り方，材料に適したゆで方，味の付け方，盛り付け，配膳

および後片付けを理解し，適切にできている。

• おいしく食べるために主体的に調理計画を考え，調理の仕方を工夫し，家庭実践に生か そうとしている。

4　指導の流れ（本時案）

（1）本時の目標

　　エア調理でゆでる調理，準備・後始末の仕方の見通しを立てよう。

（2）展開

		学習活動	指導上の留意点
導入	1	本時の学習の見通しをもつ。	
		ゆで野菜の調理をしよう	
	2	前時に立てた調理計画を思い出す。	○ワークシートを見ながら，調理の手順を確かめて，エア調理で確かめたい視点を確認する。必要な準備物を確かめる。
展開	3	エア調理をする前に，ペアの確認や学習の進め方を確認する。	○シミュレーションキット※の内容を確かめる。ペアを確認し，手順を読み上げる人とエア調理の作業をする人の役割を確かめる。
	4	ペアでエア調理を行う。	○調理の手順を読みながら，ペア相手のエア調理のしかたを観察し，チェックする。
	5	エア調理のシミュレーションを通して気づいたことをグループで話し合う。	○シミュレーションキットを使いながら，調理の具体的な順序やこまかい作業の確認をする。 ○後始末までシミュレーションする。
	6	全体で出た意見を交流する。	○エア調理を行ってみて，気づいたことや考えておかないといけない点を出し合い，ワークシートにさらに書き込む。 ○各グループで出た意見を全体で共有する。グループで再考する時間をとる。
まとめ	7	学習を振り返る。	○次回の実習で，今日のシミュレーションが生きるようにする。

（3）評価

　　エア調理でゆでる調理の仕方や準備・後始末の仕方を考えられたか。

 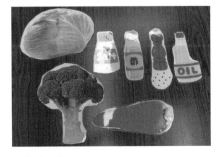

※シミュレーションキット

題材名 第6学年「朝食から健康な一日の朝食を～いためる調理～」

本実践の特徴

　5年生でのいためる調理に続いて，ここではフライパンを使ったいためる調理の仕方を学ぶ。フライパンを使った加熱調理は，短時間で強火で行うために，子どもが安心して実習に臨めるように見通しをもたせておかなくてはならない。また，材料を切る大きさやいためる順序など，計画の段階からグループやペアで話し合って，共通理解した上で協力し合える調理実習にしていくためにエア調理によるシミュレーション活動を取り入れた。

1　題材のねらい

　毎日の朝食の取り方を見直し，栄養のバランスを考えた朝食のおかず作りを通して，健康な生活について考える。

2　指導計画（全10時間）

第1次　毎日の朝食を振り返ろう……………………………… 1時間
第2次　いためて朝食のおかずを作ろう…………………… 8時間

　　　　・栄養のバランスを考えよう

　　　　・いためる調理について考えよう

　　　　・調理計画を立てよう（2時間）

　　　　・エア調理で確かめよう………………………………**本時 (5/8)**

　　　　・いためる調理をしよう（2時間）

　　　　・実習を振り返ろう

第3次　朝食から健康な生活を始めよう……………………… 1時間

3　評価について

・規則正しい食事が生活のリズムをつくることや，朝食を食べることによって学習や活動のための準備ができることを理解し，材料に適したいためる調理ができる。

・朝食のおかずの調理計画を立て，調理の仕方を工夫し，家庭実践に生かそうとしている。

4　指導の流れ（本時案）

（1）本時の目標

　エア調理でいためる調理の仕方の見通しを立てよう。

（2）展開

	学習活動	指導上の留意点
導入	1　本時の学習の見通しをもつ。 　┌─────────────────────────────┐ 　│　エア調理でいためる調理の仕方の見通しを立てよう　│ 　└─────────────────────────────┘ 2　前時に立てた調理計画を思い出す。	○ワークシートを見ながら，調理の手順を確かめて，エア調理で確かめたい視点を確認する。必要な準備物を確かめる。
展開	3　エア調理をする前に，ペアの確認や学習の進め方の確認をする。 4　ペアでエア調理を行う。 5　エア調理のシミュレーションを通して気づいたことをグループで話し合う。 6　全体で出た意見を交流する。	○シミュレーションキットの内容を確かめる。ペアを確認し，手順を読み上げる人とエア調理の作業をする人の役割を確かめる。 ○調理の手順を読みながら，ペアの相手のエア調理のしかたを観察し，チェックする。 ○シミュレーションキットを使いながら，調理の具体的な順序や細かい作業の確認をする。 ○エア調理を行ってみて，気づいたことや考えておかないといけない点を出し合い，ワークシートにさらに書き込む。 ○各グループで出た意見を全体で共有する。グループで再考する時間をとる。
まとめ	7　学習を振り返る。	○次回の実習で，今日のシミュレーションが生きるようにする。

（3）評価

　エア調理でいためる調理の仕方の見通しを立てることができたか。

5　活動の様子
第5学年　「ゆで野菜の調理」

　まず，調理計画を立てる前に，水からゆでるものとふっとうしてからゆでるものがあることや半月切りやたんざく切りなどの切り方について調べたり，動画を見てイメージをもったりするようにした。その上，さらにシミュレーションキットを使って，計画を確かめることとした。

　調理シミュレーションはグループを二つに分けて，実際に道具を使って作る役とチェック役に分けて見合うことにした。

C「ブロッコリーはお湯からゆでるんだよ。コンロの火をつけてしばらくしてから。」

C「大さじの計量スプーンはこっちこっち。」

C「ねこの手（＝包丁を使うときの手の添え方）ってこうするんだよ。」

C「ゆで時間の長い野菜からゆでた方がスムーズじゃないの？」

　どうやら，チェック役の方が，余裕があるせいか，客観的にいろいろ気づくことが多い。

C「気をつけることは忘れないうちに，調理計画書に書いておこう。」

　シミュレーション後の感想には，

　「シミュレーションで確かめたおかげで，野菜によって長くゆでるものや，短い時間でゆでられるものがあることがわかった。実際の調理実習でもまちがえないようにしたい。」

　「ブロッコリーの扱いがわからなかったけれど，先に切ってからゆでることがわかったので，気をつけようと思った。」

　このように，シミュレーションの気づきを実習に生かそうとしていることがよくわかった。

第6学年　「いためる調理」

　そして，このシミュレーション活動を取り入れたエア調理はこのあと，2年間にわたって，シミュレーションキットの中身を変えて繰り返し，調理実習の計画とセットで行うこととにした。

　6年生では，今度は「いためる調理」である。5年生時と同様にペア活動を取り入れて行うが，ゆで野菜のときと同様に，事前に視点を確認して活動に入ることとした。

エア調理

ラミネートした
道具や材料を使用

C「いためる順番はわかったけど，大きさも関係するんだから，誰が何をどれくらいの大きさでどんな切り方で切るか相談しとかないとだめだと思うよ。」

C「じゃあ，ニンジンは半月切り。でもどれくら

　　いの厚さにする？」

C「ピーマンだってあまり細かすぎたらこげるよ。」

C「できあがりのイメージを考えようよ。」

C「切ったあと，まな板の上がごちゃごちゃだったから，食器用意しようか。」

C「他の人で手があいてたら，お皿用意していこう。」

　５年生のときよりも，話し合いも手際がよい。役割分担も上手になっていく。一人ひとりの動線が確認され，無駄な動きや時間もなくなってくる。さらにそれを可視化したワークシートがあると，教師もグループへの支援がしやすくなることに気づいた。

　このように，２年間の調理実習は，繰り返し，内容が少しずつ複雑なものへと進化していくのであるが，エア調理によるシミュレーション活動を取り入れることによって，どの子どもも安心して自分の活動に見通しをもって，取り組むことができるようになったのである。

🔍　実践のポイント

- 実習が始まると，子どもたちの気持ちが高ぶって，基本的な道具の扱い方や動線の指示が届きにくくなる。事前のシミュレーションを通して，冷静に身体で覚えていくことが有効である。
- また，友だちの作業をお互いに見合って，アドバイスする学習も成立しやすい。
- エア調理によって基礎的・基本的な知識および技能の習得に粘り強く取り組んだり，実践を振り返ることで新たな課題を見つけ，主体的に取り組む態度を育んだりする。

Lesson 3
知識・技能を確実に身につけ，活用できるようにしよう
―― 繰り返すことで子どもは力をつける ――

■ 基本的な知識・技能とは何か

（1）基礎・基本の考え方

　子どもたちは，「こんな風にやってみたい」という思いを一人ひとりもっています。家庭生活の中では，家の人のやっている姿ややり方を見て，学校では上級生がやってきたことをモデルにしながら。しかし，なかなか，はじめから思い通りにいくはずがありません。

　経験がない分，何ができるのか，何ができないのかもわかりません。思いを実現させるためには，何を身につけておかなくてはいけないかを自ら発見し，学習計画を立てながら，一歩一歩思いの実現に向かっている手ごたえを感じられるようにしたいものです。

　言い換えれば，生かされてこその基礎・基本ということになります。臨機応変に自分の生活の中で，応用転移できることを可能にする基礎・基本の身につけ方について考えてみることが必要です。知識・技能を自由自在に使いこなせるようになったときに基礎・基本が身についたということになります。このように知識・技能を使いこなす力が思考力・判断力・表現力ということになります。そして，「こういう風にしたい」という思いが，主体的に学ぶ力，学びに向かう力になるといえるでしょう。

　小学校の２年間だけでも，基礎・基本となる学習が，発展的に繰り返して学ぶことができるように題材を構成することにより，応用されていくようになります。もっと長いスパンでみれば，小学校での学びが基礎・基本となって，中学校や高等学校の家庭科の学習とし発展していくともいえます。

　学習指導要領の内容として記されていることは，基礎・基本です。それを活用する学習によって，子どもたちは，自分の家庭生活の課題を解決して，よりよくするためにプランを実現していくことが可能になるのです。

　すなわち，基礎・基本を活用することは，課題解決的な学びの道筋をたどる学習過程によって，実現することになるのです。

（2）"活用する"とはどういうことか

　基礎・基本を"活用する"場面はどのように設定すればよいのでしょうか。

　まず，一つの題材の学習過程の中で，基礎・基本を獲得する場面とともに応用する場面を設定することが考えられます。生活を創意工夫する場面です。

　さらに，２年間で，何度も繰り返しながら，基礎・基本を使いこなしたり，発展的な内容へとつないだ知識・技能を獲得し，さらにそれを応用していったりすることができます。

　これらは，計画的に，２年間の指導計画にストーリー性をもたせていくことにより，どの時期にどのような学習を位置づけていくかにかかっています。

　最後に，学校の学びで創意工夫して使いこなせるようになった基礎・基本は，自分の家庭生活の中で，どんな場面でも自由に使いこなせるように活用できるようになると，それが実践力となっていきます。

　そのためには，何度も実践を繰り返し，自信をもって，自由自在にそれを使いこなし，自分なりのプランにもとづいて，思い通りに家庭生活の中で知識・技能の活用を実現できるレベルにまで，磨きあげる必要があります。

「できる，知っている」レベル

　授業レベルの習得目標

「わかる」レベル

　題材レベルの習得目標

「使える」レベル

　題材横断的な熟達目標

〔出典〕　石井[1]をもとに筆者が作成

- 包丁の正しい持ち方，ボタンのつけ方
  五大栄養素名，ごはんの炊き方　等

- どんな切り方をするときに包丁をどう使うか
- ボタンつけによって衣服の手入れができることがわかる
- 自分の食事の栄養のバランスがわかる
- おいしいごはんの炊き方がわかる　等

- 材料と切り方を工夫して時間をかけずに冷蔵庫にある材料で栄養のバランスのよい食事を作ることができる
- 身につけた知識・技能を使って一年間の生活の中で衣服の手入れをすることができる　等

　このように，授業レベルの習得目標としての知識・技能は客観テストなどで定着度を見ることができます。しかし，題材レベルの習得目標の知識・技能の習得度は，ノートやワークシートの記述内容などで読み取っていくことになります。さらに，「使える」レベルの熟達目標の知識・技能の習得は，パフォーマンス評価のような表現にもとづく評価で見取ることが必要になってきます。

（３）身につけたい基礎的な知識・技能

　学習指導要領には，小学校家庭科において以下のような知識・技能を身につけ，思考・判断・表現力との関連を図り，資質・能力を育むことを示している。

A　家族・家庭生活

（１）　自分の成長と家族・家庭生活

- 自分の成長の自覚
- 家庭生活と家族の大切さや家庭生活が家族の協力によって営まれていることへの気付き

（２）　家庭生活と仕事

- 家庭生活を支える仕事
- 互いに協力し分担する必要があること
- 生活時間の有効な使い方

（３）　家族や地域の人々との関わり

- 家族との触れ合いや団らんの大切さ
- 家庭生活は地域の人々との関わりで成り立っていること
- 地域の人々との協力が大切であること

（４）　家族・家庭生活についての課題と実践

- 日常生活の中から問題を見つけて課題を設定すること
- よりよい生活を考え，計画を立てて実践すること

B　衣食住の生活

（１）　食事の役割

- 食事の役割
- 日常の食事の大切さと食事の仕方

（２）　調理の基礎

- 調理に必要な材料や分量や手順
- 調理計画
- 調理に必要な用具や食器の安全で衛生的な取扱い及び加熱用調理器具の安全な取扱い
- 材料に応じた洗い方，調理に適した切り方，味の付け方，盛り付け，配膳及び後片付け
- 材料に適したゆで方，いため方
- 伝統的な日常食である米飯及びみそ汁の調理の仕方

（３）　栄養を考えた食事

- 体に必要な栄養素の種類と主な働き
- 食品の栄養的な特徴

- 料理や食品を組み合わせてとる必要があること
- 献立を構成する要素
- １食分の献立作成の方法

（４）　衣服の着用と手入れ

- 衣服の主な働き
- 季節や状況に応じた日常着の快適な着方
- 日常着の手入れが必要であること
- ボタンのつけ方
- 洗濯の仕方

（５）　生活を豊かにするための布を用いた製作

- 製作に必要な材料や手順
- 製作計画の立て方
- 手縫いやミシン縫いによる目的に応じた縫い方
- 用具の安全な取扱い

（６）　快適な住まい方

- 住まいの主な働き
- 季節の変化に合わせた生活の大切さや住まい方
- 住まいの整理・整頓や清掃の仕方

C　消費生活・環境

（１）　物や金銭の使い方と買物

- 買物の仕組みや消費者の役割
- 物や金銭の大切さと計画的な使い方
- 身近な物の選び方，買い方
- 購入するために必要な情報の収集・整理

（２）　環境に配慮した生活

- 自分の生活と身近な環境との関わりや環境に配慮した物の使い方

（４）繰り返しの学習がなぜ必要か

　学習指導要領に書かれている指導内容を２年間の学習の中でどのような教材を用いて，どのように適時性や系統性をもたせて指導していくかが，カリキュラム編成の視点となっていきます。その中で，たとえば，栄養のバランスのとれた食事の取り方については，繰り返し段階を踏んで，確実に習得させるとともに，発展的に，より複雑な問題解決ができるように題材構成を工夫して扱っていきます。

　繰り返し学習することのよさは，
①反復することによって，習得し，定着が図れる（達成感）

②反復することによって，発達段階に合った発展的学習ができる（意欲）

③反復することによって，見通しをもって安心して学習できる（安心感）

④反復することによって，学び直しができて自信をもつことができる（自信）

などが考えられます。子どもにとっても，指導者にとっても，繰り返しの学習は大切です。

（5）指導者の心構えと準備

　基礎・基本を身につけさせるためには，指導者は子どもの立場に立って，「どうすれば，すべての子どもが安心して学習に向かえるのか」「どうすれば安全に学習を保障できるのか」「どこにつまずくことが考えられるのか」等について想像力を働かせて学びのイメージをもっておかなくてはなりません。すなわち，子どもの生活背景や，習性，思考の流れなどの実態をきちんと把握しておかなくてはなりません。これが，「実態把握」です。

　そして，教材研究をしっかり行うことです。この指導内容が子どもたちの家庭生活にどのような意味をもっているのか，この教材にどう向かわせるのか，ここでの学びをどのように子どもの家庭生活に生かしていくことができるかを解釈しておかなくてはなりません。教材を子どもに引き寄せて，子どもの家庭生活にどう戻していくかというそのクラスならではのストーリーを描いて題材構成を考えなくてはいけません。また，その教材を扱うために子どもより深く知っておくことも大切です。子どもたちが学ぶのは指導者のもっている知識や経験のうちの氷山の一角です。「教材研究」の深さが魅力的な指導につながっていきます。

　子どもたちと一緒に学ぼうという姿勢は大事ですが，子どもと一緒にはじめて体験するということではありません。事前に予備実験や予備実習をしたり，製作物を作ってみたりすることが大事です。実際に自分で一度やってみることで，留意点が明らかになったり，具体的にどのような言葉の指示や掲示物が必要であるかがわかってくるからです。

　同学年の学年団が協力して教材研究や教具の準備をするなどの工夫も大切です。実習をともなう教科の指導は準備が大変ですが，その分，子どもたちにとっては楽しい体験活動ができるはずです。準備や後始末も，安全面に配慮しながら，子どもたちにも手伝ってもらったりするのも一つの方法です。子どもたちも張り切って，お手伝いしてくれることでしょう。

　学校の中では，家庭科主任の先生が中心になって，家庭科室の管理や教具や備品の整理をしています。校内でみんなが使いやすい環境が保てるように約束事を決めてしっかり守れる学校組織の風土も大切にしたいことです。

〈家庭科室の整備をしよう〉

①活動の見通しをもたせるために

　用具や施設がいつも清潔に整理・整頓されていることで，子どもたちは活動に見通しを立てやすくなります。たとえば，棚や引出しに何が入っているかを写真と言葉で示すカー

ドにして貼っておくと，片付けや管理をしやすくなります。椅子の置き場所や流し台にふたの置き方，ごみの分別の仕方や洗剤やたわし，ふきんの使い分け方なども些細なことですが，気持ちよくスムーズに学習をすすめるために子どもたちと確認することが大切です。

②効率的な学び

　調理実習の時間を思い浮かべてみましょう。材料の仕分けはどのようにしておきますか？　用具の準備はどこから子どもたちにさせますか？　コンロや水道の数は限られていますがどのように使わせますか？　何から何まで先生がしてしまっては，子どもが育ちません。しかし，何から何まで子どもにさせようと思っても時間がたつばかりで混乱して収拾がつかなくなります。5年生のはじめての実習と6年生の最後の実習では，子どもの実態も違います。

　子どもの経験の度合いや，発達段階などをよく見極めて，意図的に効率的に学ぶために一番よい方法を考えておかなくてはなりません。

　被服製作実習の時間を思い浮かべてみましょう。技能の習得には，個人差があります。しかし放置しておくと，その個人差はどんどん広がっていきます。一斉指導の中で丁寧に指導することや協力して教え合うことで，ペースを合わせながら，効率よく学べるシステムを作りましょう。

　"百聞は一見にしかず"ということもあります。説明をくどくどするよりも，体験や見学の時間を作って実践的に学ぶことが効率的・効果的であることも多いのです。

③安全面の確保

　実習をともなう授業で安全面の確保は最優先事項です。危険な要素は事前にチェックして取り除いておきましょう。事故や怪我は"不安定な状況"から起こるものです。作業台の上の物の置き方や，配置，動線など，安心して活動できるように可視化しておきます。掲示物やフラッシュカード，ワークシートなど工夫して，大事なことは図や絵も用いながらわかりやすく図解しておくとよいでしょう。視覚優位の発達障害のある子どもにも有効です。授業のユニバーサルデザイン化の意味でも取り組んでみたいものです。

　次に器具や用具の点検です。コンロ台やガス管，コンセントの不具合などがないかどうかを確かめておきます。また包丁やはさみなどの保管状況や衛生管理状況も確かめておきます。ミシンの点検も一人では大変ですから，早めに教職員が協力して点検しておけるように声かけしておくとよいでしょう。

〈ワークシートの工夫〉

　2年間の家庭科の学習で，統一感のあるワークシートを用意しておくと，子どもたちも見通しが立ちやすく，学習がスムーズに行えます。とくに，調理計画カードや作品製作計画表などは，同じ形式のものを使うことで学びの様式に慣れさせることができます。指導者の学習の評価活動にも生かしやすいのではないかと思います。

衣服の手入れをしよう～ボタンつけ～

題材名 第6学年「衣服の手入れをしよう～ボタンつけ～」

本実践の特徴

　衣生活に関する内容の基礎・基本の技能の一つとして，ボタンつけは通常，5年生のはじめての小物作りで学習することが多い。しかし，学習指導要領においても，ボタンつけは，衣服を管理していく上で必要な技能として記されている。この実践では，5年生で学習したボタンつけをもう一度中学校に進学するタイミングで，制服の着用を意識させながら，衣服の留め具としての正しいボタンつけの技能の反復による定着とともに，自分で自分の衣服の手入れを行うことを実践化できるように6年生で再度取り上げることとした。

1　題材のねらい

　主に健康・快適・安全の視点による見方・考え方を働かせて，自分の衣生活をよく見つめ，ボタンつけや洗濯などの衣服の手入れの方法について正しい知識と技能を獲得するとともに，家庭生活に生かそうとする態度を身につける。

2　指導計画（全6時間）

第1次　衣服の手入れについて考えよう……………………1時間
第2次　ボタンをつけてみよう………………………………1時間　**本時**
第3次　衣服を気持ちよくするために………………………2時間
第4次　着られなくなった服をどうするか…………………1時間
第5次　衣服の手入れを生活に生かそう……………………1時間

3　評価について

• 自分の家庭生活において，日常着の手入れの仕方としてボタンのつけ方や洗濯の仕方を理解し，快適な着方や手入れの仕方を考え，課題解決を通して工夫することができている。
• 主体的に自分の家庭生活に学習したことを活用して，実践しようとしている。

4　指導の流れ（本時案）

（1）本時の目標

　正しいボタンのつけ方がわかり，衣服にボタンをつけることができる。

（2）展開

	学習活動	指導上の留意点
導入	1　本時の学習の見通しをもつ。	○中学校の制服を見せて，どんなところにどんな風にボタンがついているか気づかせる。
	どのように？　衣服のボタンを　つけてみよう	
		○好ましいボタンの状態を確かめて，「しっかり・取れにくく・じょうぶに・正しい方法で・きれいに」ボタンをつけることを確認する。
展開	3　正しいボタンのつけ方を調べる。・実際にボタンがついている，いろいろな衣服を観察する。	○ボタンがとれて困った経験などから，正しいボタンつけの方法を知る必要性に気づかせる。
		○ボタンを見るだけでなく，ボタンホールに実際にかけてみて，使いやすさについても考える。
	4　3種類のボタンのつけ方を比較する。	○ボタンつけの見本を見て，丈夫で使いやすくついているのはどれかを判別する。
	5　衣服にボタンをつける。	○実物提示装置やタブレットを活用して，ボタンのつけ方を提示する。
	6　ペアやグループでつけ方について話し合う。	○ボタンとボタンホールの両方について考えながら，使いやすいつけ方をするよう助言する。
まとめ	7　学習を振り返る。	○今日の学習が家庭生活の中で，どのように生かせそうか考える。

（3）評価

　正しいボタンのつけ方がわかり，衣服にボタンをつけることができたか。

5　活動の様子

T「ボタンつけは5年生のときにも習ってますよね。今でもつ
けられますか。ここに中学校の制服をもってきました。あと
半年たったら，みんなはもう中学生になるよね。みんなが今
着ている服とどんなところがちがう？」

C「上着とズボンは毎日同じものを着て行かないといけないし，
小学生のぼくたちの着ている服は，頭からかぶったり，ジッ
パーで前をしめる形が多いけど，上着もシャツもボタンがつ
いてる。」

T「そうですね。中学校に行ったら，自分の服のボタンくらいは自分でつけられないとね。
今日は，服についているボタンがとれていないか確かめて，とれているボタンをつけて
みようと思います。」

　そして，一人に1枚ずつ，前ボタンつきのシャツを配っていった。

T「一度広げてみよう。じつは，どの人のシャツもどの
ボタンがとれてるかは，見てもらわないとわかりませ
ん。まず，自分のシャツを見てボタンがとれていない
か確かめよう。」

実際の生活の中では，じつは，衣服の手入れをすると
いうことは，ここから始まるのである。

C「あっ。私のは一番上がとれてる。」

C「ぼくのは，そでのボタンがとれてる。」

　一人ひとり，あらかじめ，いろいろな場所のボタンを取っておいた。そこから，ボタン
をうまくつけないといけない。ボタンのつけ方も忘れているかもしれない。

　ボタンのつけ方については，前の時間に動画で復習をした。その動画に出ていたのは，
二つ穴のボタンだったが，今回のシャツのボタンは四つ穴である。そこから，応用して考
えることになった。次に，ボタンをつける場所である。5年生での小物作りのときには，
飾りボタンとしてつけていたので，ボタンホールとの位置の関係まであまり考えられてい
なかった。今回は，ボタンの役割として，衣服の前の部分をとめる役割なので，きちんと
位置を確認しないといけない。

T「他のボタンのつき方をよく見てごらん。どんな位置
についているかな？　つけ方もよく見てみよう。取れ
にくいようにどうしたらいいかな？」

C「ボタンホールにうまく合わせないと，きちんとつけ
たと思ってもずれたらだめだよね。」

C「まっすぐ，他のボタンと同じ線上につけないと，ひ

とつだけずれても変だよ。」

　子どもたちはよく観察しながら，慎重に位置を決めて，ボタンをつけはじめた。

　うまくつけられたか，隣の席の子どもと見せ合いっこしながら，何度もボタンをはずしたり，かけたりして確かめた。

　ここで用意したシャツは，扱いやすいように幼児サイズのものにした。当然自分たちの着る服よりもサイズは小さかったのだが，自分でつけたボタンだからと小さな袖に手を通して，「着てみたい！」と言ったり，「これで，弟や妹の服もボタンがとれたらつけてあげられる」と満足そうにつぶやいたりしていた。

　そして，自分のシャツにボタンをつけおわったら，何もこちらから指示がなくても，一枚ずつ丁寧にたたんで重ねて机の上に置き始めた。

　「たたむ」ことは衣服の手入れの基本である。このように，「ボタンつけ」の活動を衣服の手入れという視点で再度6年生で扱うことで，衣服を着用するだけでなく，家族への思いをもって衣服を管理する仕事を身につけることができたのである。

　そして，

Ｃ「中学校に行ったら，ちゃんと自分でボタンもつけられるようになったから嬉しい。」

Ｃ「早く中学校の制服が着たくなった。」

Ｃ「家の人の服も全部見てみたい。取れているボタンがあったら，全部つけてあげたい。」

　自信をもって，生活の技能を獲得し，生活に生かそうとする姿が見られた。

🔍 **実践のポイント**

・5年のはじめの小物作りで経験したボタンつけを衣服の手入れの視点でもう一度6年生で取り上げることで，衣服の管理としてのボタンつけの技能を獲得できた。

・家族の衣服も見てボタンをつけなおすことができることに自信をもてれば，家族の一員としての自覚も高まるにちがいない。

ミシンにトライ！〜思いを形に〜

題材名　第6学年「ミシンにトライ！　〜思いを形に生活に役立つもの〜」

本実践の特徴

　5年生のときのミシンの学習では，「ミシンマスターカード虎の巻」[2]を使って，ミシンの基本的な技能を習得してきている。6年生ではさらにミシンを使いこなせるように「ミシンマスターカード免許皆伝」[2]を使って，ペア・3人組活動による自己評価・相互評価をとりいれながら，ミシンの学習をより主体的により楽しいものにしている。

1　題材のねらい

　主に健康・快適・安全の視点に加えて生活文化の継承・創造の視点による見方・考え方を働かせてミシンを使って，自分の生活に役立つ布製品を製作し，家族との衣生活を豊かにしようとする。

2　指導計画（全14時間）

第1次　目的に合った形や大きさと縫い方を考えよう……1時間

第2次　工夫して作ろう

　　　　•布を選ぼう………………………………………1時間

　　　　•形や大きさなどを工夫して作品を作ろう………11時間　**本時（5・6/11）**

第3次　衣生活を豊かにしよう……………………………1時間

3　評価について

• 生活を豊かにするための布を用いた製作を通して，製作に必要な材料や手順や縫い方や用具の安全な取扱いを理解し，主体的に目的に応じて形や大きさを考えて製作計画を立て，製作活動を通して工夫することができている。

4　指導の流れ（本時案）

（1）本時の目標

　ミシン縫いの準備や正しい扱い方，直線縫いの仕方について理解することができる。

（2）展開

	学習活動	指導上の留意点
導入	1　本時の学習の見通しをもつ。	
	ミシンの達人を目指そう！	
	2　５年生で学んだ正しいミシンの扱い方や基本の操作を振り返る。	○「ミシンマスターカード虎の巻」を見ながら，基本の操作を想起する。
展開	3　ミシンマスターカードを使って，ミシンの達人を目指すことを確認する。	○「ミシンマスターカード免許皆伝」を渡して，学習内容を確認する。
	4　二人一組または三人一組のペア・トリプル学習の役割分担をする。	○二人一組または三人一組のペア・トリプル学習の形態で，ミシンを使う人と点検者・先生と役割を明確にして，自己評価・相互評価を行う。
	5　「ミシンマスターカード虎の巻」を使って活動する。	○操作が間違っているところ，わからないところなどは，先生役が「ミシンマスターカード」や教科書を使って確認して教えるようにする。
	6　全作業が終わったグループから学習を振り返る。	
まとめ	7　学習を振り返る。	○次回以降の製作活動を見通しながら学習を振り返るように声かけする。

（3）評価

　ミシン縫いの準備や正しい扱い方，直線縫いの仕方について理解することができたか。

5　活動の様子

　5年生ではじめてミシンの学習をするときには，たくさんのことを覚えなくてはならない。作品を作るどころか，ミシンを正しく操作できるようになるのに一苦労である。2年間かけて，計画的に子どもたちが主体的にミシンの学習をすすめ，自信をもって楽しく使えるようにと，「ミシンマスターカード」を持たせた実践である。

　5年生時の「ミシンマスターカード虎の巻」には，次のような内容が含まれている。

- ミシンの名称
- 修業その①〜準備の巻〜
- 修業その②〜から縫いの巻〜
- 修業その③〜下糸の準備の巻〜
- 修業その④〜上糸かけ・下糸出しの巻〜
- 修業その⑤〜縫うの巻〜

　下糸セットから始めと終わりの返し縫いまでできたら合格！　それぞれの巻では，細かい作業の一つひとつに「できたかな◎○△」の自己評価と友だちからの評価をつけることとなっている。

　さらに，6年生になって，ここではミシン技能の習得をさらに定着させるために，「ミシンマスター免許皆伝」を与え，調整させる。5年生のときよりもさらに，細かい指示が出され，さらにいっそう技能の習得が確実なものになる。

たとえば

〜縫うの巻〜

（「虎の巻」では）

①しるし通りに縫う

②糸の調子や針目の大きさを調節する

③角を曲がって縫う

④返し縫いをする

⑤糸はしの始末をする

⑥電源を切り，上糸・下糸・針をはずして元通りしまう。

（「免許皆伝」では）

①上糸と下糸をそろえて，おさえの下から向こう側に15センチくらいの糸を引き出す。

②布を置いて，縫いはじめの位置に針を刺し，おさえをおろす。

5年　虎の巻

6年　免許皆伝

③上糸と下糸を布と一緒に軽くおさえながら，両手を「ハ」の字にして，コントローラーをゆっくりふんで縫いはじめる。

④縫いおわりにきたら，ゆっくりコントローラーから足をはなす。

⑤はずみ車を手前に回し，針または天びんが一番高い位置にあることを確認して，おさえを上げる。

⑥布を向こう側にひき，15 cm ほど糸を残して切る。図解もいれながら，このようによりくわしく，具体的な表現で書いてあるので，読みあげられた通りにミシンの操作を丁寧に扱えるようになっている。

　また，ミシンのトラブルも「こまった！　トラブル対処法」を見れば，自分たちで解決できるようになっていることから，教師がトラブルに振り回されることはほとんどなく，ゆとりをもって，指導にあたり，学習活動の評価もしっかりできるようになった。

こまった！　トラブル対処法

主なトラブル	主な原因	これで，解消！
上糸が切れる	1. 上糸のかけ方が正しくない。 2. 上糸の調子が強すぎる。 3. 糸立てに糸がからまっている。 4. 針の取り付け方が悪い。	1. かけ方を調べて正しく直す。 2. 上糸調子装置の数字を小さくする。 3. 糸立てにフェルトを敷く。 4. 針を正しく付け直す。
下糸が切れる	1. 下糸の調子が強すぎる。 2. ボビンの糸の巻き方が悪い。	1. ボビンケースの糸調子ばねを調節する。 2. ボビンの糸を巻きなおす。
ぬい目がとぶ	1. 針の取り付け方が悪い。	1. 針を正しく付け直す。
針が折れる	1. 針の取り付け方が悪い。 2. 針止めネジがゆるんでいる。 3. 針が曲がっている。	1. 針を正しく付け直す。 2. 針止めネジを締め直す。 3. 針を新しいものにかえる。
布が進まない	1. 送り歯が出ていないか，低い。 2. 送り調節器が0になっている。	1. ドロップフィールドで送り歯を高くする。 2. 送り調節器の数字を大きくする。
重い，動かない	1. かまに糸が食い込んでいる。 2. クラッチつまみが引き出されている。 3. 糸巻きじくがボビンおさえの方へ押されたままになっている。	1. かまを分解し，糸を取り除いて手入れをする。 2. クラッチつまみを元の位置に戻す。 3. 糸巻きじくを元の位置に戻す。

できたら合格　ふり返りカード

	作業の内容	自分でできるかな
①	下糸をセットする(かまに入れる)。	
②	上糸をかける。	
③	下糸を引き出す。	
④	直線ぬいをする(ぬい始め・ぬい終わりの糸の始末をする)。	
⑤	角を曲がってぬう。	
⑥	始めと終わりに，返しぬいする。	

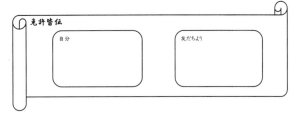

免許皆伝
| 自分 | 友だちより |

実践のポイント

- ミシンの学習は安全に確実に技能を習得できるようになることが何よりも大切である。2人組・3人組のように学習形態を工夫し，役割を担うことで協力して安全に確実に楽しく主体的な学習を展開できる。
- 「ミシンマスターカード」のように具体的に拠り所になるものがあると，問題解決的な学習ができる。自己評価や相互評価の場面をつくっておくことも有効である。

Lesson 4
子どもが意欲をもつ評価をしよう
—— パフォーマンス評価で生きた学習に ——

1 そもそも学習評価とは

（1）学習評価の意義

　資質・能力の育成のためには教育目標・内容と学習評価とを一体的に検討することが重要であるという認識のもとに，これまでの評価のあり方・考え方について検討し，学習評価の意義について整理してみましょう。

　そもそも評価活動は，意図した教育の営みに対して，「どのような力が身についたのか」という学習の成果をとらえて学習指導のあり方を見直すことです。そして，授業に対する子どもの学習状況や，一人ひとりの様子・学びに向かう態度等を把握することによって，個に応じた指導の充実を図り，一人ひとりに確かな学力を育むことが大切です。また，評価の主体は一体だれでしょうか？　評価をするのがいつも指導者とはかぎりません。子ども自身も自らの学びを振り返って次の学びに向かうことができるようにすることも大切なことです。子どもたちが主体となって，自己評価することによって，自分の変容や成長に気づくことも大切な評価活動です。評価結果をフィードバックして学習を改善することも必要です。

　子どもの育てたい資質・能力を意図した教育の営みは，カリキュラム総体であったり，授業の指導法であったり，場の設定であったりします。けっして，子どもを管理するための手段ではありません。子どもを値踏みすることでもありません。選別することでもありません。教育活動それ自体に反省を加えて，修正・改善するために行うという，その目的を確認しておくことが大切です。このように考えると，意図した教育計画⇒実践⇒達成を評価する場合に，その修正・改善の眼差しは逆に，達成⇒実践⇒意図した教育計画のあり方にフィードバックされていかなければなりません。

（2）評価の方法と種類
①絶対評価と相対評価

　絶対評価とは教師がもつ絶対的な規準によって評価を行う方法です。本来は，戦前の絶対者を規準とする評価を意味するものですが，「相対的評価」の対立的概念として用いられています。**相対的評価**は正規分布を規準としたその配分率によって評点を割り出す方法です。客観性と信頼性を約束する科学的な評価として導入されました。一見公平な感覚が

もたらされたものの，がんばっても，その結果は必ずしも評価に反映されないこと，必ずできない評点の低い子もいるという前提での非教育的な評価論であることなど，数々の矛盾を生じさせてしまうことから，妥当性を問われることにもなったのです。

②目標に準拠した評価

目標に準拠した評価の特質は，子どもたちにおける能力差と学力格差を前提とする相対的評価の考え方に対して，すべての子どもを共通の目標に到達させることを目指している点，そのために教育目標そのものを評価規準として子どもたちにおける獲得状況を具体的な姿として把握し，指導に生かしていくという点にあります。

③個人内評価

個人内評価とは，評価の規準そのものをその子どもにおいて，子どもを継続的・全体的に評価しようとする評価の立場です。何よりもその子自身を規準に評価することで，一人ひとりの子どもならではの学習の進展や発達のあゆみ，また得意不得意や長所短所を丁寧にとらえようという点にあります。「目標に準拠した評価」と「個人内評価」の結合により，子ども一人ひとりのよい点や可能性，進歩の状況などを評価することが求められています。

④診断的評価・形成的評価・総括的評価

診断的評価は，授業開始時において，学習の前提となる学力や生活経験の実態や有無を把握するために行う評価のことです。教育指導計画や学習形態について考慮するためにフィードバックされます。また不足する学力を回復したり，つまずきを予想して計画を修正・改善するために使われます。

形成的評価は，授業の過程で実施されます。授業がねらい通りに展開していないと判断された場合には，修正や子どもたちへの補充指導が行われます。したがって，形成的評価は成績をつけるためのものではありません。方法としては，ノート指導や，小テストできめこまやかに見ていきます。なぜ，そこでつまずいたのかを子ども自身にも気づかせることも大切です。

総括的評価は単元終了時または，学年末に実施されることが多いです。教師にとっては実践上の反省を行うために，子どもにとってはどれだけめあてを実現できたかを確認するためにフィードバックされます。総括的評価は学力の発展性（応用力や総合力）を対象とする評価です。このように発展的な様相を把握する評価法としては，ポートフォリオ法などがあります。

（3）目指す資質・能力と評価の観点

今回の学習指導要領の改訂では，各教科で目指す資質・能力を(1)「知識及び技能」(2)「思考力・判断力・表現力等」(3)「学びに向かう力，人間性等」の三つの柱に沿って整理しています。また，小・中・高等学校の内容の系統性を明確にして，目指す資質・能力を

育成する筋道を明らかに示しています。

❷ 家庭科の評価のあり方

（1）知識及び技能

> （1） 家族や家庭，衣食住，消費や環境などについて，日常生活に必要な基礎的な理解を図るとともに，それらに係る技能を身に付けるようにする。

　家庭科における「知識及び技能」は，学習指導要領の「教科の目標（1）」にも示されています。家庭科で習得する「知識及び技能」は，日常生活に必要な基礎的な理解を図るための知識とそれらに係る技能であり，家庭生活と家族についての理解，衣食住についての理解とそれらに係る技能，消費生活や環境に配慮した生活についての理解とそれらに係る技能等が挙げられています。家庭科で習得する知識は，「個別の事実的な知識だけではなく，児童が学ぶ過程の中で，既存の知識や生活経験と結び付けられ，家庭科における学習内容の本質を深く理解するための概念として習得され，家庭や地域などにおける様々な場面で活用される」ものでもあります。技能についても同様に，「一定の手順や段階を追って身に付く個別の技能だけではなく，それらが自分の経験や他の技能と関連付けられ，変化する状況や課題に応じて主体的に活用できる技能として習熟・定着すること」[1]が求められています。

（2）思考力・判断力・表現力等

> （2） 日常生活の中から問題を見いだして課題を設定し，様々な解決方法を考え，実践を評価・改善し，考えたことを表現するなど，課題を解決する力を養う。

　家庭科における「思考力・判断力・表現力等」についても「教科の目標（2）」に示されています。この目標は一連の学習過程を通して，「習得した「知識及び技能」を活用し，「思考力・判断力・表現力等」を育成することにより，課題を解決する力を養うことを明確にしたもの」[2]といえます。

　小学校家庭科においては，「日常生活の中から問題を見いだして課題を設定し，様々な解決方法を考え，実践を評価・改善し，考えたことを表記するなど，課題と解決する力を養う」[3]ことです。課題を解決する力として，

①日常生活の中から課題を見いだし，解決すべき課題を設定する力

②生活課題について自分の生活経験と関連付け，様々な解決方法を考え，計画する力

③調理や製作等の実習や観察・実験，調査，交流活動の結果等について，考えたことを根拠や理由を明確にして表現する力

④他者と意見交流し，計画・実践等について評価・改善する力[4]
などを挙げることができるとされています。

（3）学びに向かう力，人間性等

> （3）　家庭生活を大切にする心情を育み，家族や地域の人々との関わりを考え，家族の一員とし
> て，生活をよりよくしようと工夫する実践的な態度を養う。

　家庭科における「学びに向かう力，人間性等」は，「教科の目標（3）」にも示されています。「目標の（1）及び（2）で身に付けた資質・能力を活用し，家庭生活を大切にする心情を育むとともに，家族や地域の人々と関わり，家庭生活をよりよくしようと工夫する実践的な態度を養うことを明確にしたもの」といえます。「生活をよりよくしようと工夫する実践的な態度」とは，日常生活の様々な問題を解決するために一連の学習過程を通して身につけた力を，「家庭生活をよりよくするために生かして実践しようとする態度」について示しています。このような「実践的な態度は，家庭科で身に付けた力を家庭，地域から最終的に社会へとつなげ，社会を生き抜く力」[5]としていくために必要となるのです。

　上記の三つの資質・能力はいずれにおいても，「生活の営みに係る見方・考え方」を働かせ，協力，健康・快適・安全，生活文化の大切さに気づき，持続可能な社会の構築等の視点で日常生活の問題をとらえ，資質・能力の育成が図られているかを見取っていく必要があります。

❸　生活に生きる課題と評価を

（1）パフォーマンス評価とは
　今，求められている真正の学力とは，実生活で活用するための内容の充実をはかり，習得した知識や技能を使えるレベルにしていくことが重要であるとされています。問題解決的な学習過程を通して，活用できるようになっているのかどうかを見るために，育てたい資質・能力の質的レベルに応じた評価方法をさぐっていかなくてはなりません。一時間一時間の中で確実に身につけたかどうかに重点が置かれた評価だけに終始していたのでは，日常の家庭生活に生きて働く力とはなりません。

　「使える」レベルを評価する上で有効な方法として，「パフォーマンス評価」を挙げることができます。パフォーマンス評価は，知識やスキルを使いこなす（活用・応用・統合する）ことを求める問題や課題などへの取り組みを通して評価する評価方法の総称[6]であり，質的に評価する方法といえます。パフォーマンス評価を取り入れることによって，豊かに考える授業と本物としての知識・技能の習得状況の一貫性の確立を目指しているのです。

パフォーマンス評価は，学習者のパフォーマンスを引き出し実力を試す評価課題（パフォーマンス課題）を設計し，それに対する活動のプロセスや成果物を評価することを意味します。

　断片的な知識や技能が獲得できたからといって，必ずしも実際の生活場面で適切に臨機応変に創意工夫しながら問題解決にあたるために活用できるかどうかはわかりません。実践的・体験的な活動を通してよりよい家庭生活を創造する教科であることをふまえ，家庭科でパフォーマンス評価を積極的に取り入れていくことも考えてみましょう。

（2）「家族・家庭生活についての「課題と実践」」の位置づけ──子どもをどう見取るか

　子どもたちの「パフォーマンス」を評価するというのは，最終的なゴールを機械的に訓練できる要素に分解することではありません。重要なことは，個別の知識や技能のどれをどのように組み合わせることがよいかを実践的に思考・判断する過程です。問題把握の適切さ，判断の際に重視している視点の包括性や妥当性，熟達の度合いといったことを評価するわけです。このような見方・考え方を働かせることは，この実践的思考の過程に埋め込まれており，実践場面での判断や表現行動に表れてきます。

　このようなねらいから，新学習指導要領では，「家族・家庭生活についての"課題と実践"」として日常生活の中から問題を見出して課題を設定し，いくつかの学習内容の関連づけを図り，よりよい生活を考えて計画を立てて実践していく学習を位置づけています。家庭科の学習ならではの実践的な活動を家庭や地域で行うことができるように配慮する必要があります。このような実践的で応用的な子どもの学習状況のどのような部分をどのような方法で評価するのか，このことは計画的で意図的であるがゆえに，題材の構成や指導案の作成の段階で，考えておかなくてはなりません。すなわち，意図的な指導なしに，子どものパフォーマンスは得られないということです。また，子どものもつ潜在的な資質・能力を最大限に発揮させるためにも，しっかりと評価計画を立てておくことは重要なことです。

（3）評価基準とルーブリックの作成

　パフォーマンス課題に取り組むとき，子どもの姿は多様であり幅があります。指導者による質的で専門的な判断に頼る部分が大きいです。よって，パフォーマンス評価では，主観的な評価にならないように「ルーブリック」と呼ばれるパフォーマンスの質を評価する基準表を用いる必要があります。3～5段階程度の尺度とそれぞれの段階に見られる認識のしかたや行動の質的特徴を示した記述から成る評価基準表のことをルーブリックといいます。ルーブリックを作成するときには，授業を行う前に予備的ルーブリックを作成し，授業後に，検証を行うルーブリックの再考を行います。

　校内で，ルーブリック作成の過程を共有し，PDCA をふまえて，次回の授業に生かす

システムを確立しておくと，個人の授業構想に終わることなく校内の財産として，恒常的に生かしていくことができます。その際には，次のような過程を経て検証していきます。

①試行的に課題を実行し，できるだけ多くの学習者の作品を集める。

②評価の観点の有無や何段階の尺度にするか複数の採点者で話し合う。

③各人で作品を読みこんで採点する。

④他の指導者にはわからないように作品の裏に付箋に点数を記して貼っておく。

⑤全部の作品の検討が終わったら，全員が同じ点数のものを選び出す。

⑥選び出した作品を吟味し，点数の根拠となる特徴を記述する。

⑦点数にばらつきがあるものについては，指導者間の観点のズレを明らかにしつつ，合意形成し，ルーブリックを再考する。必要に応じて評価の観点を分けて，観点別ルーブリックにする。

資料：予備的ルーブリックから再考されたルーブリックへ（例）『生活の課題と実践』

3	自分の課題の設定理由や他の考え方を参考にしながら計画し，実践の方法や工夫・改善した内容をわかりやすく伝えることができている。
2	自分の課題の設定理由や実践の方法や内容をまとめて伝えることができている。
1	自分の課題を決めることが難しく，実践の内容や方法が不十分である。

※課題を決められない児童はいなかったことと，工夫や改善の方向をめあてとしてもたせた方がよいことから，以下のように再考した。

3	自分の課題の設定理由や他の考え方を参考にしながら計画し，自分の家庭生活に生かすための工夫やよりよい家庭生活に結び付けるために改善した内容を相手意識をもってわかりやすく伝えることができている。
2	自分の課題の設定理由や実践の方法や内容をまとめて伝えることができている。工夫や改善の方向も見いだすことができている。
1	自分の課題を決めて計画を立てることが難しく，実践の内容や方法も不十分である。

4　学習としての評価をどう考えるか

　教師が子どもの思考過程をふまえて質の高い学習を追究して，課題や活動を設定したとしても，必ずしも子どもがより深い学びを追究しようとするとは限りません。子ども自身が学習課題をどう把握し，どのように学習過程をメタ認知しているかによってかわってきます。そして，そうした子どもの立場に立った学習のあり方や評価のあり方は，教師の子どもに対する声かけや視点によって形作られていくのです。

　たとえば，課題や教師の声かけが実生活に即したものになっていれば，そのこと自体が

測ろうとしている学力観が暗示され，子どもたちの学習の意欲や学びの姿勢を方向づけていくことができます。

　パフォーマンス評価のルーブリックを子どもたちに提示したり，子どもと一緒に学習活動の中でルーブリックを作っていくこともあります。教室の中で，学習の意味づけや価値づけを共有していくことが可能になります。そのことにより，子どものもっている力を最大限に引き出していくことができます。このように評価を問い直すことは，授業を改革することといっても過言ではありません。

　さらに，教師のみならず，子どもたち自身が評価を生かして，自らの学習の舵取りをすることの意義にも着目してみましょう。子ども自身が自らのパフォーマンスの良し悪しを判断していけるようにするには，授業後の振り返りや感想により学習の意味を確認し，納得し，発見するのでは不十分です。もう少しつっこんで，学習過程の中で目標・評価規準を共有し，目標と自分の学習状況のずれを自覚し，それを乗り越えるための方策を考えることを促す必要があります。よくある相互評価の場面で，また集団での学び合いや集団思考の場面でパフォーマンスの質について議論する際，どんな観点を意識しながらどんな方向性を目指して学習するのかを対話的に共有し，創造的な学びにつないでいかなくてはならないのです。

教室における評価活動の三つの目的[7]

アプローチ	目的	準拠点	主な評価者	評価規準の位置づけ
学習の評価	通知表・入学試験の判定	他の学習者や学校・指導者が設定した目標	教師	採点基準 （妥当性・信頼性・実行可能性を担保しつつ，限定的かつシンプルに）
学習のための評価	教師の教育活動の意思決定にかかわる情報収集，授業改善	学校・教師が設定した目標	教師	実践指針 （指導者間で長期的な見通しを共有できるように客観的な評価にこだわらず，指導上の有効性や共有可能性を重視する）
学習としての評価	学習者による自己評価・自己修正・自己調整（メタ認知）	個々の学習者が設定した目標や学校・教師が設定した目標	学習者	自己評価のものさし （学習活動におけるよさの中身を教師と学習者が共有し，双方の学習の質を見極める目を鍛える）

子どもの声を聞いてみよう

　何のために，この勉強をするのかがわかってくるととても楽しいです。みんなで目標を立てて学習することで，話し合うポイントや工夫したこともはっきり見えてくるように思います。先生はいつも「君たちは○○（例：健康料理アドバイザー）です。今回のミッションは……」という風に言ってくれるので，毎回楽しみです。だんだんできることが増えてくると，課題も難しくなっていくのかな？

あなたへの問い

　どんな学習のゴールがあると子どもたちは意欲的になれるでしょうか？

家族をもてなす秋のみそ汁コンテストをしよう

題材名　第5学年「買い物名人を目指そう」～「毎日の食事①」

本実践の特徴

　子どもたちの学びの姿を総合的にとらえるために"家族をもてなす秋のみそ汁コンテストをしよう"というパフォーマンス課題を設けた。買い物からみそ汁作りまで，そして家族をもてなすことを課題として，子どもたちは課題解決に向けて学習を始めた。グループごとに，買い物から実習まで課題意識を持続させることも必要である。コンテストという設定も子どもたちには魅力的で意欲づけを図る意味で興味深い。"みそ汁"という作品作りの中でのパフォーマンス評価を通して，これまでの学びを統合的にとらえる実践である。

1　題材のねらい

　主に持続可能な社会の構築の視点による見方・考え方を働かせて，目的に合った品物の選び方がわかり，買い方を工夫しようとする。

　さらに健康・快適・安全の視点による見方・考え方を働かせて，みそ汁の作り方を理解し，家族をもてなすおいしいみそ汁を作ることができる。

2　指導計画（全12時間）

第1次　お金の使い方を考えよう………………………………… 1時間

第2次　買い物名人になろう……………………………………… 4時間

　　　　• 計画的に買い物しよう

　　　　• 秋のみそ汁コンテストに使うみそを選ぼう

　　　　• みそ汁の具材を買いに行こう

第3次　わたしの目指す買い物名人………………………… 2時間

第4次　秋のみそ汁コンテストの計画をたてよう………… 3時間

　　　　• だしの取り方を調べよう

　　　　• 実習計画をたてよう

第5次　秋のみそ汁コンテストをしよう…………………… 2時間　**本時（1/2）**

3　評価について

• 買い物の仕組みや消費者の役割，物や金銭の計画的な使い方について知り，身近な物の

選び方や買い方を理解し，購入するために必要な情報を収集し，整理が適切にできている。

• みそ汁の調理の仕方を理解し，おいしく食べるために調理計画を考え，調理の仕方を工夫している。（パフォーマンス課題の設定により，買い物から調理まで，おいしいみそ汁を作るために主体的に工夫しながら課題を解決しようとしているかを見取る）

4　指導の流れ（本時案）

（1）本時の目標

　　グループごとに計画にそって，家族をもてなす秋のみそ汁を作ることができる。

（2）展開

	学習活動	指導上の留意点
導入	1　本時の学習の見通しをもつ。	
	家族をもてなす秋のみそ汁を作ろう	
	2　グループで立てた調理計画を確認する。	○テーマに合わせて各グループで考えた材料や作り方の手順を確かめる。
展開	3　各グループで計画にそってみそ汁作りの実習を行う。	○コンテストで試食してもらう審査の先生や保護者の方の分も含めて各グループ8人分ずつ作る。 ○審査のポイントは，味・見た目・いろどり・栄養バランス・季節感とする。計画する段階で，事前に審査のポイントは伝えておく。
	4　できあがったみそ汁におすすめのポイントや工夫したアピール点をメモする。 5　互いに他のグループにみそ汁の紹介をし合い，感想を伝え合いながら，試食する。 6　後片付けをする。	○工夫したポイントやアピールしたいことをプレゼンできるようにしておく。 ○自分のグループにはなかった工夫などあれば記録しておくようにする。
まとめ	7　学習を振り返る。	○今回のみそ汁作りの成果と課題をまとめて，家庭実践につなげる。

（3）評価

　　グループごとに計画にそって，家族をもてなす秋のみそ汁を作ることができたか。

5　学習の様子

　この学習は「買い物名人を目指そう」の買い物の学習と「食べて元気！ごはんとみそ汁」のみそ汁作りを取りだして，パフォーマンス課題によって二つの題材をつないだ実践である。学習の時期が10月という秋の食材が豊かな季節に合わせて行った。

　自分たちの作るみそ汁に使う“みそ”を買い物学習の教材として取り上げ，教科書通りにみそ汁の作り方を知り実習を行うだけではなく，ここでは「家族をもてなす秋のみそ汁コンテスト」という場面設定をした。コンテストの審査のポイントについては子どもたちが話し合い，「味・彩り・栄養のバランス・季節感・費用」などがポイントになると共通理解されていった。このことにより，実習の計画から振り返りまで，学習要素が明確になり，一貫して子どもたちの中で繰り返し確認され，協力して主体的に，よりおいしいみそ汁作りに向かうことになった。

　買い物の学習において，目的に応じた買い物をするために必要なことを学ぶという意味では「何を買うか」は大変重要な意味をもっている。みそ汁コンテストのポイントにはおいしい“みそ”を選ぶことも含まれるのではないかと，子どもたちから声があがった。

　しかも，審査のポイントは味だけでなく，予算のことや成分の違いと健康のことなども視点にいれることにまで波及していった。このようにして，食事づくりには多様な観点が必要なことを子どもたちは見つけていったのである。

　下の写真は“みそ”選びの時間の様子である。

　原材料・価格・味・用途・賞味期限などの情報が必要になってきた。三つのみそを比べて，情報の収集・整理をする活動を通して，自分たちが選びたい“みそ”について話し合っていった。

　この対話的な学びを支える思考ツールを，家庭科以外の時間にも使いこなせるようにしてきた。ここでは，情報を整理するためのマトリックス表を用いた。

Ｃ「このみそは，値段は安いけど，品質表示を見たら，こっちの方がよくない？」
Ｃ「味はどうなんだろう。特選って書いてあるよ。」
Ｃ「そんなこと，言葉だけからではわからないよ。塩分のパーセントって気にならない？」
Ｃ「塩分ひかえめの方がいいかもね。みそ汁の具材の味を引き出した方がいいよね。」

　こうして，グループのみそ選びは，ひとまず終わって，みそ汁作りの具体的な計画がす

目指そう　買い物名人　～みそ汁の具材を買おう～			
情報を集めて整理し，コンテストで作るみそ汁のみそを比べよう。			
1人分15g	写真（ア）	写真（イ）	写真（ウ）
値段	280円＋税	481円＋税	298円＋税
量	200g	500g	1 kg
売っている場所	みそ屋	生鮮食品店	スーパー
品質	無添加	無添加	無添加
安全性		有機栽培	
環境		プラマーク・紙マークあり	包装少ない
産地	京都	長野	長野

学習の流れ
1．全体
2．グループ①
3．グループ②
4．全体
5．個人
6．振り返り

買い物名人への道
たくさんの情報を集めて整理し，長所も短所も比べることが大切。

すんでいった。すでに「ゆでる」調理（実践2参照）で調理計画の立て方は学んでいるので，季節に合った材料を選んだり，切り方を考えたり，具体的なイメージをもって実習に臨んだ。教師はみそ汁作りの評価の予備的ルーブリックを作成した（表参照）。

3	グループの話し合いをもとに正しい手順を理解して季節感を意識した食材や調理の仕方を工夫したみそ汁を計画通りに作っている。
2	グループの話し合いをもとに正しい手順を理解し，みそ汁を計画通りに作っている。
1	グループの話し合いの意味や手順を理解できず，自分の力でみそ汁を作ることが難しい。

　しかし，実習を終えた子どもたちの振り返りからは，予想以上のことを発見していることがわかった。

　たとえば，「イモ類などの具材は，崩れやすいものもあるので，調理した後のことを考えると，小さく切るのと後から入れるのも一つの方法と思った。」「汁と具材の量のバランスもまた味付けだけでなく，美味しさを決める大きな要素だと思った。」「チームワークや計画性，手順を明確にすることで，時間に余裕をもたせ，めあてを確認できたことで，おいしさを追究できたのではないかと思う。」「作って食べてもらうタイミングまで考えるのがおもてなしだと思った。実際，食べてもらうときには少し冷めてしまったのが残念だった。」

　このように，パフォーマンス課題によって，子どもは題材を通して意欲をもちつづけ，深い学びにも到達することができたのである。

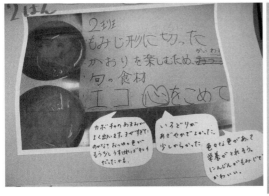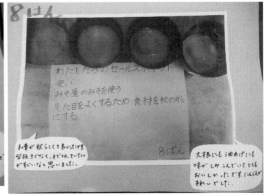

🔍 実践のポイント

- 学習のゴールを「秋のみそ汁コンテストをしよう」と設定したことにより，意欲をもちつづけられると同時に創意工夫のポイントをしぼりやすくなった。
- 予備的ルーブリックを上回るような反応が見られたので，ルーブリックを再考した。このようにして，学習の質をさらに深めていくことが可能である。

Lesson 5

家族や地域の一員としての
自分を考える授業をつくろう
—— 自分の学びを振り返り，家族や地域の一員として
できるようになったことを実感させよう ——

■ 1 2年間の子どもの成長

　5年生になって，はじめてわくわくどきどきした気持ちで出会った家庭科の学習を2年間学び，卒業を目の前に6年生として巣立っていく子どもたちを見ていると，「大きく成長したなあ」と毎年，感慨深く思います。一時間一時間の学習や体験活動が子どもの内面を育てていたのだなあと思うのです。そして，家庭科の学習だけではありません。他教科や他領域の活動，いろいろな人々との出会い，日常の家庭生活の中での出来事など，成長の裏付けにはいろいろな要素が絡まりあっています。

　ここでは，2年間の家庭科の時間で見られた成長に焦点をしぼってみることにします。

　まず，「家庭科とはどんなことを学ぶ教科なのか」「家庭科の学習はどのようにして進めていくのか」をガイダンスとして取り上げます。学習で取り上げることは，自分がいかに家族やいろいろな人に見守られて成長してきたかという自覚に目覚め，これから学習していく家庭生活にかかわる衣食住に関する内容や消費や環境についての内容は，自身の生活をよりよくするためにどのように創意工夫すればよいのか，学びを自分の家庭生活にどう実践化し生かしていくことにつながるのかということを共通理解します。

　そして，何度も立ち止まりながら，できるようになったこと，これから生かせそうなこと，もっと目指したいことを考えながら前に進んでいきます。そのつど，家庭と共有し，家族に励ましてもらったり，認めてもらったり，アドバイスをもらったりしながら，次の学習に期待を寄せて進んでいきます。その中で，子ども自身が一人の生活者としての存在であることに気づき，生活者としての責任を自覚し，生活者としての感覚を磨いていきます。まさに自立の初めの一歩です。

　そして，小さなことからでも，自分でできること，家族のためにできること，社会のためにできることを考えられるようになっていきます。家庭科という教科の特性からいえば，それを実践的に行い，工夫改善して次の課題を見出すという学びの過程を繰り返すところに特徴があります。

　もちろん，このような学びを繰り返し前進していること自体に価値があるのですが，学習者である子ども自身が，家族や地域の一員として責任を自覚し，自分の成長を実感する

ことができる学習のあり方を考えておくことも大切なことではないかと思います。

❷　学びの足跡をどう残していくのか

　2年の間に，何度も子どもたちは自分の成長に気づくチャンスがあります。そのためには，教師はそれを可視化する工夫をしておきましょう。たとえば2年間の学習内容を一覧にして，そのつど確認しながら，できるようになったことを記録していくカードを作る，家庭科室の掲示物に活動の記録を残していく，ポートフォリオのような形で，学びの足跡を残していくなどの方法が考えられます。

		もう少し	できた	よくできた			もう少し	できた	よくできた
	2年間の学習の見通し	○	○	○	⑧私の仕事と生活時間	仕事の分担と生活時間の工夫	○	○	○
①わが家にズームイン	家庭生活と家庭の仕事	○	○	○	⑨朝食から健康な一日の生活を	朝食の大切さ	○	○	○
	だんらんの作り方	○	○	○		食品の栄養的な特徴と組み合わせ	○	○	○
	こんろの使い方	○	○	○		調理計画の立て方	○	○	○
②おいしい楽しい調理の力	調理実習の手順	○	○	○		いためる調理	○	○	○
	材料の洗い方	○	○	○	⑩夏をすずしくさわやかに	風通しのよい住まい方	○	○	○
	包丁とまな板の使い方	○	○	○		衣服の働きと着方	○	○	○
	計量スプーン	○	○	○		衣服の手入れ	○	○	○
	ゆでる調理	○	○	○		冷房の使い方	○	○	○

> 5年生と6年生の終わりに，学習してわかったこと・できるようになったことを振り返り記録しましょう。
> 　あてはまるところに○をして何度もチャレンジしてみましょう。

> よくわかった内容やできた内容には色をぬっていきましょう。学習を振り返り，よりよい生活を目指しましょう。

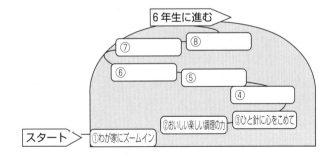

❸　家族の一員としての自分

　5年生の家庭科の学習が始まるときには，子どもたちは生活を支えてもらったり，成長や自立を喜んでくれる家族に守られたりしてきた存在であったことを実感していたのでは

ないかと思います。そして，家庭科の学習との出会いによって，明確にそのことを意識し，家庭生活に目を向けて，家族の一日の生活を見つめてみようとします。

たとえば，朝早くに自分が学校に行くしたくをすることだけしか見えていなかった子どもも，家族の中で誰が一番に早起きをして，どんな用意をしているのか，自分が学校に行っている間に家族はどんな仕事をいっしょうけんめいしているのか，家に帰ってきてから疲れているにもかかわらず自分たちの食事の用意をしてくれたり，次の日の準備をしたり，家族みんなの健康のことを考えてしてくれていることがあったり，家族が喜ぶための計画を立ててくれていたり。それぞれの家族の立場で，役割を担ったり，協力したりしながら生活しているということに気づいていきます。このように，小学校の段階では，まず主に「自己と家庭」に視点を当てて学習していきます。

家族も子どもが成長しているにもかかわらず，自分でできるであろう身の回りのことまで手を出してしまっていたり，親がした方が速いからと子どもに役割を与えないまま大きくなってしまっていることも考えられます。一方，子どもだけで自分たちの衣食住の生活を任されて，兄弟の面倒まで見ている頼もしい姿があるかもしれません。

学校での家庭科の学習場面で，家庭生活を取り上げることは，自分の生活を見つめるだけでなく，多様な生活様式があり，それぞれの家庭や家族のあり様があることを知り，当然のように家族としてかかわってきたあり方をあらためて見直す機会でもあります。このことは，主に現在およびこれまでの生活に視点を当てて学習することにつながると同時に，やがて，中学校や高校では，自分のこれからの生活や生涯を見通した生活に視点は広がりを見せていきます。いずれにしても，家庭の機能として，家庭は家族が健康で快適に生活していくための休息の場所であり，互いに協力したり分担したりして家庭の仕事を行っていくところであることを理解していきます。そして，家族とのかかわりを充実させたり，楽しく生活したりするために，自分が工夫できることはどのようなことなのか，家族の一員として，できることを少しずつ増やしながら，家庭生活をよりよいものにしていく主体として活躍する姿を自ら育てていく，とても有意義な2年間なのではないかと思うのです。

2年間の最後の題材では，できるようになったことを振り返り，自分が家族の一員として何ができるかをあらためて考える時間を設定します。お世話になった人々に感謝の気持ちを伝えることや，中学校進学を控えて，家族が住まう地域の一員としての気づきの視点をもつこともまた大切にしたいものです。

4 地域の一員としてどう参画するのか

個人にとって家族や家庭が大切な役割を果たすのと同じように，家族や家庭にとっては，地域コミュニティとのかかわりは大変重要です。このことは，東日本大震災や，それ以後の大きな自然災害が起こるたびに，人と人との絆がいかに大切か身をもって思い知らされ

たこともあったのではないでしょうか。私たちの家庭生活は地域の人々とのかかわりによって支えられています。小さな子どもが困っていたら，近所の人たちが見守り声をかけ合って，助けてくれるはずです。また近所に住まう高齢者が居たら，いつも気にかけて何か助けられることはないか，何かが起こったときには一緒に居てあげようと心配りをして地域みんなで寄り添って生活をします。しかし，核家族化や近代化にともなって，個人や家族が孤立したり，コミュニケーションを拒んだりするような環境をつくってしまっていないでしょうか。

　子どもは家庭にとっても地域にとっても宝物です。そして，これからの時代を担う主体となって，地域の一員として何ができるかを考えていく立場に立っていかなくてはならないのです。

　そのためには，自分の立場を自覚し，具体的にどのような行動をとっていくのか計画を立て実行したり，地域の人たちと交流したり協働することで学んだりといった学習を意図的に計画していくことも必要です。子どもたちにとっては，まだまだ自立への道は遠いかもしれませんが，中学校や高校に進んだら，地域の中ではより中心に立って，役に立てることもあるはずです。そのきっかけを小学校の間に一度でも経験しておくことはとても大切なことだと思います。

5　中学校・高校とどうつなぐか

　小学校で身につけておくべき資質・能力は，発達に応じて，中学校で目指す資質・能力へと引き継がれ，生活の自立を図り，将来の生活を展望し，やがては家庭生活の主体者として課題を解決していくために実践的に学んでいくことにつながります。そして家族や家庭や社会における生活の中から問題を見出し，相互に支え合う社会の構築に向けて，主体的に地域社会に参画し，家庭や地域の生活を創造しようとする実践的な態度を目指していくことへと発展していくのです。

親と子どもの声を聞いてみよう

親：いつのまにか、こんなことができるようになっていたのかと驚かされることが多くなっていました。自分のことは自分ではもちろんのこと、家族のこともがんばって、地域の人たちにもできることを見つけて役に立てるようになっていってほしいです。

子：学んだことを生かして、これまではしてもらってばっかりだったけど、自分で家族や地域の一員としてできることはがんばっていきたいです。

あなたへの問い

　2年間の学びで家庭や地域でどんな姿が育っているとよいと思いますか？

■ 実践⑦

自分にできることは〜わたしのＢＥＮＴＯ〜

題材名 第６学年「自分にできることは」

本実践の特徴

　２年間の学びを生かして，ここでは食に関する学習の６年生最終の題材として設定した。中学校進学をひかえ，自分の生活の自立を目指す中学校での学習へのつなぎとなる題材でもある。

　自分の成長を支えてくれた家族や地域の人たちのためにできることを考え，実践し，成長した姿を見てもらうことをねらいとしている。日本の弁当文化の価値を知り，国内外にも発信することも想定して題材名に"ＢＥＮＴＯ"の表記を用いている。

１　題材のねらい

　主に協力・協働の視点による見方・考え方を働かせて，自分の成長に気づき，自分を支えている家族の大切さを理解し，感謝の気持ちを伝える。２年間の学習を生かして，栄養バランスのよい弁当を考えて作ることができるようにする。

２　指導計画（全10時間）

第１次　中学校生活に向けて弁当を作るという学習の
　　　　見通しをもつとともに学習計画を立てよう……………………２時間
第２次　お弁当作りをしよう
　　　　【ＢＥＮＴＯレシピブックを作ろう】　パフォーマンス課題
　　　　・国際ＢＥＮＴＯコンクールの作品からおかずを調べよう…１時間
　　　　・弁当に入れるおかずを話し合って決める………………２時間　**本時 (2/2)**
　　　　・おかず作りの手順を話し合い，実習計画を立てよう………１時間
　　　　・おかず作りの実習をする…………………………………２時間
　　　　・実習を振り返り，ＢＥＮＴＯレシピブックを作ろう………１時間
第３次　家族やお世話になった人への感謝の気持ちを伝える
　　　　手紙を書こう……………………………………………………１時間

３　評価について

　家族生活は地域の人々とのかかわりで成り立っていることがわかり，かつ家族とのより

よいかかわりについて主体的に考えて，工夫・改善し，家庭生活の中で実現しようとしている。

4　指導の流れ（本時案）

（1）本時の目標

　弁当に合った栄養バランスのよいおかずについて考え，工夫することができる。

（2）展開

	学習活動	指導上の留意点
導入	1　本時の学習の見通しをもつ。 わたしのＢＥＮＴＯに入れるおかずを考えよう 2　前時に調べたおかずの種類を確認する。	○調べたおかずの写真と話し合いに使うお弁当形の画用紙を配る。
展開	3　各おかずグループに分かれて，調べたことをもとにどんなおかずが作れるのか話し合う。 4　実習グループで主菜・副菜①・副菜②を話し合い，決める。 5　それぞれのグループごとに作るおかずを発表する。	○たくさんのおかずについて話し合えるように別のおかずを調べた者同士をグルーピングする。 ○ジグソー法により，一人ひとりの役割を明確にして，責任をもって話し合いに参加させるようにする。 ○具体的にイメージしながら話し合えるようにおかずの写真を用意し，弁当箱のワークシートに詰められるようにする。 ○弁当の多様性に気づかせることで，ＢＥＮＴＯレシピブックへの期待感をもたせる。
まとめ	6　学習を振り返る。	○次時の活動の確認をして，準備する。

（3）評価

　弁当に合った栄養バランスのよいおかずについて考え，工夫することができたか。

5　指導の実際

　本題材のパフォーマンス課題は，「6年生のBENTOブックを作ろう」とした。1食分の献立作りにもとづき，たんに好きなものをいれるのではなく，これまでの学習をもとに日本料理の特色である五味・五法・五色，旬や季節感も考えるようにした。弁当はグループで同じおかずをつめても，その詰め方の工夫でそれぞれにまったく違った「わたしのBENTO」ができあがる。一人ひとりが「私のBENTO」を1枚の台紙にまとめ，6年生みんなで1冊のレシピブックを作ることで，中学校に行っても作ることができる弁当のサンプルとなり，また別の弁当も作ってみたいという意欲が生まれると考えたからである。

　ここでは，国際BENTOコンクールの入賞作品から，作ってみたいおかずを選んで，弁当のおかずを分析することから始めた。

（おかず名）	栄養			色どり					味	調理法	作りやすさ（難易度）
	赤	緑	黄	赤	緑	黄	白	黒			
○○の煮物		☆			☆	☆			甘味	煮る	☆
△の●●焼	☆			☆				☆	塩味	焼く	☆☆☆
□の酢あえ		☆			☆	☆			酸味	ゆでる	☆☆

　このようにして個人で選んだおかずを分析した資料を持ちよって，グループでの話し合いをすることにした。
C「豚肉は，ベーコンに変えられるよ。扱いやすいし，値段もおさえられるかな。」
C「栄養バランスだけでなく，色どりも考えようよ。」
C「京都産のものを使うと，テーマにもあうし，習ったことも生かせるよ。」

　話し合いは，前半を主菜・副菜を考える者同士2〜3人が隣のグループと交流し，後半は自グループに持ち帰って話し合うといったジグソー法を取りいれることによって，多角的に考え，視野を広げることができた。1回目の話し合いでは，主菜担当が集まり，構想からおかず作りまで責任をもつという課題を共有する者同士で行った。2回目の話し合いは実習グループとし，同じ弁当を作る共同体として，自分たちの作る弁当のコンセプトやテーマも大事にしつつ，全体のバランスを考えての話し合い活動となった。
C「主菜・副菜の組み合わせってこれでいいと思う？」
C「むこうのグループでは，豚肉をベーコンに変えたらという考えが出たよ。」
C「でもベーコンにしたら，和風にならないんじゃないの？」
C「味付けで考えたらどう？　醤油味にするとか。」
C「ああ，それいい考えだよね。じゃあ主菜はそれに決めよ。」

　そして，もう一度，分析シートにのせながら，自分たちの弁当のおかずを決めていった。
　この２段構えのジグソー法は，味の偏りや栄養のバランスチェックについて落ち着いて，客観的によりよい弁当にするために話し合うのに大変有効であった。そして，何よりも子どもたち自身がこの活動を通して，これまで２年間の学びを実感していったのである。
C「これって，５年生のときには全然考えられなかったことやね。」
C「いろいろ調理実習やら買い物の勉強してきたからできるんやな。」
C「でもこれをいつもやってるお母さんってすごくない？」
　こんな声も聞こえてくるようになった。
　そして，全体で，グループごとの弁当を発表することになった。
C「同じ主菜でも，副菜が変わるとイメージ全然変わるなあ。」
C「栄養や色どりのことも考えられて，どのグループのお弁当も食べたくなった。」
C「このレシピブックあったら，いろいろ作ってみたいよね。」
　このように，子どもたちは，自分のグループの弁当のおかずを決めることと，他のグループの弁当のおかずについて交流することによって，毎日のお弁当の変化が楽しめることや，季節やテーマによっておかずを工夫すると楽しいことなどに気づいていった。そして，作ってくれてきた家族への感謝や尊敬の気持ちも自然と生まれていったのである。

【第３次　家族に感謝を伝える手紙】

> 家庭科の勉強で難しいこともいっぱいあったけれど，どれも楽しくいつでも役に立つことばかりでした，今回のお弁当もそうです。いつも行事のときに朝早起きして，お弁当を作ってくれてありがとう。実際，自分で考えてみたけど，工夫することがたくさんあって大変だなと思いました。自分で考えて作ったお弁当だから，お母さんのとはまたちがう味がしました。でも，中学校に行ったら，少しは自分でも作れるようにがんばりたいです。そして，いつかお母さんにもお父さんにもお弁当を作ってあげるね。６年間ありがとう。

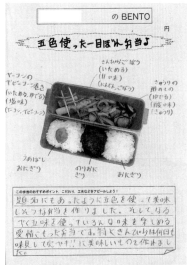

🔍 実践のポイント

・いつも作ってもらっていたお弁当を自分で計画して作ることによって，いくつもの気づきが生まれた。
・意外に自分の成長に見合った弁当箱の大きさや食べる量や栄養のバランスがわかっていない子どもも多い。

もしものときに自分にできることは〜非常持ち出し袋に入れるものは〜

題材名 第6学年「もしものときに自分にできることは」

本実践の特徴

　2年間の家庭科の学習を通して，子どもたちができるようになったことがたくさんある。一つの題材ごとに生活に生かす実践も大切にしてきたが，卒業を前にして，できるようになったことを振り返るとともに，家族との協力や家族の一員としての自覚をもたせるために，災害時を想定して，もしものときに自分にできる具体的な活動として，「非常持ち出し袋に何を入れるか」を考えることを通して，実感をともなった認識へと導いていく。

1　題材のねらい

　家族の生活に関心をもち，もしものときに備えて家族のために何ができるかを考え，工夫することができる。自分の成長を振り返るとともに，自分を支えてくれている家族や近隣の人々との生活の大切さを理解し，一員としての自覚をもつことができる。

2　指導計画（全3時間）

第1次　2年間の家庭科の学習を通してできるようになったことや
　　　　家でしていることを振り返り，自分の役割を見つめ直そう…1時間

第2次　「もしものとき」に備えて非常持ち出し袋の中身を工夫し
　　　　よう……………………………………………………………1時間　**本時**

第3次　中学生となることを想定して，これからの生活に向けて
　　　　自分を支えている家族や地域の人々のことを考えよう………1時間

3　評価について

・家族生活が，家族の協力だけでなく地域の人々とのかかわりで成り立っていることやかかわりの大切さを理解し，問題を見出し，課題を設定し，自分が協力できることについて検討している。

・主体的に，家族や地域の人々とのかかわりについて課題を設定し，実践していこうとしている。

4　指導の流れ（本時案）

（1）本時の目標

　災害が起こったときを想定して非常持ち出し袋の中身を考えることを通して，家の中の自分の役割や家族の大切さに気づくことができる。

（2）展開

		学習活動	指導上の留意点
導入	1	本時の学習の見通しをもつ。	
		非常持ち出し袋にいれるものを考えよう	
	2	前時を振り返る。	○前時に学習した2年間の家庭科の学習を通してできるようになったことや家族のためにしていることを掲示しておく。
展開	3	家族のことを考えて非常持ち出し袋に入れるものを個人で考える。	○震度5弱以上の大きな地震が発生し，家に亀裂が入り，余震が続いていて，避難しないと危険な状態であるという想定で考える。 ○25種類の生活用品のカードを用意し，必要と思うものを10種類選ぶ。
	4	グループでの話し合いを全体で共有する。	○グループは実際の家族構成に近い，「3世代同居」「小さな兄弟がいる」などで構成する。 ○個人で考えた意見をグループで交流し，一つの意見としてまとめる。 ○選んだ理由を明確にして答える。
	5	クラス全体で交流する。	○迷った点や話し合った点，友だちの意見を聞いて思ったことなどについて話し合う。
まとめ	6	学習を振り返る。	○それぞれのグループが選んだものを整理して共通点や特徴を見つけてまとめる。

（3）評価

　災害が起こったときを想定して非常持ち出し袋の中身を考えることを通して，家の中の自分の役割や家族の大切さに気づくことができたか。

5　学習の様子

　2年間の家庭科の学習を通して，できるようになったことがたくさんある。「ご飯も炊けるようになった」「おかずも作れる」「洗濯もできる」「針と糸で役に立つものが作れる」「ミシンも使える」「そうじも上手にできる」「買い物ができる」。日常生活の中で，実践的に学んだことも大切である。そして，自立に向かって一歩ずつ前進してきている。しかし，ともすれば，日々の生活に追われ，家族の一員としての自覚や，自分の役割意識，地域の人々とのつながりはなかなか実感できないことも多い。

　そこで，ここでは，「震度5弱以上の地震が起こり，今もなお余震が続き，避難せざるを得ない状況である」という設定場面を考え，非常持ち出し袋に何をいれるかという相談を疑似家族体験を通して，話し合わせてみることとした。

　子どもたちのグループ編成は，実際の家族構成をもとに，お年寄りもいる3世代家族，小さな弟や妹がいる家族，自分が一番下で大人ばかりの家族などとした。

　非常用持ち出し袋は，普段から家庭で用意してある家もあれば，はじめて見るという子どももいた。この中に入っているものや，持ち出す可能性のある生活用品26点の実物を用意した。

持ち出し袋に入れるもの

・お金	・乾電池	・下着	・ウエットテッシュ
・懐中電灯	・毛布	・おやつ	・歯ブラシセット
・救急セット	・おもちゃ	・ゲーム	・飲料水
・マスク	・簡易トイレ	・携帯電話	・カイロ
・おむつ	・常備薬	・非常食	・ヘルメット
・ゴミ袋	・ラジオ	・軍手	・哺乳瓶とミルク
・めがね	・タオル	・その他	

C「まず，何がいるかな。飲料水はぜったいいるね。」

C「毛布もいるよ。避難所は寒いらしい。」

C「おばあちゃんのメガネがないと。何も，見えないと危ないから。」

C「おばあちゃんの薬もいれてあげないと。」

C「まず，命を守るためのものは必要だよな。」

　お年寄りと一緒に暮らしている子どもたちからは，一番にでてきた意見である。

C「赤ちゃんのミルクとおむつは絶対いれとかないと。」

C「小さな弟はおもちゃがないとぐずるから。」

C「トイレもなかったら，携帯用トイレもいるよね。」

C「長いこと，お風呂にもはいれないから，着替えやタオルもいるよ。」

C「歯磨きもしないとね。」

C「ウエットティッシュがあると便利だよ。」

　小さい弟や妹や赤ちゃんのことは気になるらしい。

　すると，緊急時のことや長引いたときのことなども気になりだした。

　弱者を家族の中で守ることへの意識が働いている。

　一方，大人だけの家族からはこんな話し合いの声も聞こえてきた。

C「携帯電話やラジオは絶対いる。だって，何よりも情報が大事なんだから。」

C「だけど，携帯があっても，電池がなかったら，何の役にもたたないって聞いたよ。」

C「じゃあ，電池もいるよ。」

C「懐中電灯もいるよ。いろいろなものを探すのに便利。他の家族に貸してあげることもできるから。」

C「ヘルメットや軍手は？」

C「何か取りに行ったり，重いものを運び出したりするのにいるよ。」

　この家族は，情報をどのように共有するか，あるいは，避難所での生活は自分たちだけでなく，他の家族とも助け合っていかないといけないことにも気づきだしていた。

T「では全体で交流してみましょう。各グループが選んだ品物です。」

C「へえ。意外にみんなグループによって違うものだなあ。」

C「一人一つずつ非常持ち出し袋を持てば，もっといろいろなものが選べるよ。」

C「ふだんから話し合っておくことが大事だよ。」

T「どの家族もどんなことを優先して考えたのでしょうか。」

C「命を守ることです。それがどの家族も最優先。」

C「でも，普段の生活ができない分，小さい子もいるし，どれだけ快適に気持ちよく過ごせるかも大事だよ。ぐずったり泣いたりしてもこまるし。」

C「ぼくのところは，正しい情報を得ることも大事だという話がでました。でもそれは個人よりも避難所でなんとかしてほしい。みんなで助け合うことも必要だと思います。」

　非常持ち出し袋の中身を考えるという具体的な活動を通して，子どもたちの気づきは広がり，ふだん見えていない事象にも目を向けるきっかけとなったにちがいない。

🔍 実践のポイント

- もしものときを想定して，家族をイメージし，具体的な活動を通して考えることによって，家族の一員としての自覚や地域の人々とのつながりを意識させることができた。
- もしもの備えは，物だけでなく，近所の人たちとのつながりを普段から作っておいて，家族のことをよく知ってもらうことが何より大切であることにも気づかせたい。

Lesson 6
伝統文化のよさを生活に生かす授業をつくろう
—— あたりまえの生活を丁寧に ——

■1 家庭生活における伝統文化とは

　家庭科の学習で扱う家庭生活の様式は時代とともに変化するものですが，便利で都合のよい生活を追い求めることだけに価値があるわけではありません。私たちの毎日の生活がどのようなしくみで成り立っているのか，また，どのようにして先人の知恵や工夫によって素晴らしい生活文化が継承されてきたのかを知ることにもまた大きな価値があります。

　近代的な生活は効率的で快適になってきています。しかし，自分たちが大切にしてきた伝統的なもののよさにも目を向け，そのよさを今の生活の中でどのように生かしていくのかを考える創造的な学習が求められているのです。そのことは，国際社会で活躍する日本人の育成を図る上でも重要な意味をもっています。我が国や郷土の伝統や文化を自分自身が受け止め，家庭科においても「衣食住にわたって伝統的な生活文化に親しみ，その継承と発展を図る観点から，その活動の充実が求められる」（中央教育審議会答申，2008)[1]ことが明記され，新学習指導要領解説家庭編においても，目標にある生活の営みに係る見方・考え方の一つとして「生活文化の継承・創造」を掲げ，改訂の要点のうち内容の改善として社会の変化への対応に項をあげて「日本の生活文化に関する内容の充実」について次のように述べられています。「グローバル化に対応して，日本の生活文化の大切さに気づくことができるようにするために，「B衣食住の生活」においては，和食の基本となるだしの役割や季節に合わせた着方や住まい方など，日本の伝統的な生活について扱うこととしている。」

　わたしたちにとって当たり前の生活も，日本固有の文化に根差していることが多々あります。そのことに気づかず，毎日の生活が繰り返し行われていますが，家庭科の学習を通して，そのよさを知り，それを継承することで自国や郷土に誇りをもつことも大切なことではないかと思います。

■2 日常の生活文化をよく見る

　私たちの日常の衣食住の生活文化をよく見てみましょう。

　まず，衣生活について，最近ではポリエステルやフリース素材など軽くて手入れをしやすい素材のものが安価で生産され，手に入りやすいことから，多く着用されています。日

本は四季の変化に富み，気候に合わせて風合いのよい物を着るようにしてきました。暑い夏には汗をよく吸う綿や風通しのよい麻などの天然の素材が着心地よく，寒い冬には，綿入れを重ねて温かい空気を含むような服を着ていました。そして，何度もほどいては，仕立て直したり，染め直したり，繕ったりしながら，服の役割が済んだら，布団の表にし，それも用済みになれば，裂いて掃除用のはたきにしました。くたびれてきた感じがその役目にちょうど合ってくるのです。そうして，一人の着物は何人もで着まわしたり，いい物は何年も保管されて何代も受け継がれたりしてきました。

　日本では服をたたむことは当たり前ですが，欧米では服は吊るす文化です。しかも，着物の単位は尺でそろっていましたから，箪笥のサイズも，住居のサイズの基本である畳の寸法や建具の寸法も皆，規格がそろっており，そこから，家の寸法も家並みもそろってくるわけです。それは町並みをつくっていくことにもつながりました。隣近所との間で屋根の風合いや壁の色も違和感なく，互いに困ったら，建具や座布団を貸し借りしたりするなど，無駄に多くの物を持たなくてもよい生活の知恵と工夫をたくさん携えていたのです。そこでは，近隣のコミュニティのコミュニケーションなしには生活は成り立ちません。困ったときにはお互い様，何でも助け合い，協力する共同体としてのコミュニティは必然的に生まれ，そこで子どもたちは大切にされ，家族同士が顔見知りとなり，教え合い育ち合い，皆で気持ちよい環境をつくり守ってきたのです。

　そもそも日本人の暮らしは丁寧で，大きな家に住んでいようが小さな家に住んでいようが，つつましく品性があることに西欧の人々は驚いたという記録が残っています。そこには，日々の暮らしの中に自然とのささやかな対話があり，隣近所の人たちへの細やかな意識がコミュニケーションを生み，ともに生きる品性を生み出したのだろうと言われています。どんなに小さな家の玄関でも靴をきれいに並べ，いつ人が来ても恥ずかしくないようにし，庭の片隅に咲いている草花を玄関や食卓や手洗いに活け，人の心を和ませました。障子やふすま越しに，向こうに居る人を気遣い，声をかけてから部屋に入り，そっとしておいた方がよいときにはそうしました。食べ物についてもけっして毎日ご馳走を食べなくても，旬のものを楽しみ，食材のことについて親が子どもに語り，子どもにできる台所仕事を任せる中で季節の到来を楽しんだりしたのです。

　時代が変わって，エコや省エネが推奨されたり，持続可能な社会の構築のために何ができるかを考えるようになりましたが，そのことはけっして我慢をしたり，無理をしたりすることではありません。丁寧に暮らすことを楽しむ知恵を働かすことにほかなりません。そんな生活の価値観を家庭科の学習の中でぜひとも育んでほしいと思うのです。

❸　一つひとつの教材研究から見えてくるもの

　家庭科の学習では，どのような題材を扱うか，どのようなものを教材化するかは，学習

の成果に直接つながってくる大切な意味をもちます。たとえば，食材を選ぶ場合も学習指導要領で題材を指定されている食品か指定されていない食品かにかかわらず，その産地や調理の仕方や加工の仕方に日本の伝統文化が隠れています。とくに地産地消といわれるように，地域の特産物や伝統的な食べ方がある場合には，それを大切にしてほしいと思います。そして，どのようにしてその食べ物は大切に受け継がれてきたのか，今後どのように継承されていけばよいのか，家庭生活の中で，それをどのように取り入れて生活を豊かにすることができるのかを学習の対象にしてほしいと思うのです。

　教材研究のためには，本やインターネットで調べることもできますが，専門家や地域の人たちへの聞き取りや，地域コミュニティが発行しているリーフレットやコラム，コミュニティのサークル活動との連携なども有効です。

　また図書館や資料館の郷土コーナーの資料，専門誌にも興味深い記事が見つかることがあります。出先で見つけた，物産品が参考になることもあります。

　こうやって，教材に出会うと，その奥深さを知り，教師としては，子どもたちにぜひとも伝えたいと思えることが見つかります。できれば，子どもたちが，できあがるまでの工程を追体験したり，そこから知恵や工夫を見つけたりするような活動ができるといいなと思います。

　まずは，教師自身が，何事にも好奇心をもって，「これはどうやってできているのだろう」「これはどうやって使うのだろう」とためしてみたり，さぐってみる姿勢が大切です。そこで発見した伝統文化の奥深さは，とても魅力あるものにちがいありません。

　日本の伝統文化は生活とともに発展し継承されてきました。そこには物だけでなく，人の営みや人同士につながりがあってこそ価値が生まれてきたのです。

４　伝統を大切にすることから未来志向へ

　「昔はよかった」と考えることだけが伝統文化を大切にすることではありません。その価値をどのように解釈し，次世代に継承していくかを自分の身体を通して感じて考えることが大切です。また，「生活をよりよくする」ということは，便利で効率的であればよいというわけではないはずです。「生活を豊かにする」ということはお金をかければよいということでもありません。

　生活様式には，物・人・コトが絡み合います。そこに一日の，一年の時間の流れが加わります。他国には見られない生活の様式美が日本にはあります。グローバル化する世界においては，自国の伝統文化を誇りにするとともに，多様な国や地域の文化を尊重し合うことが大切です。

　このような立場の学習姿勢は，教科を超えて，自己に誇りをもちながらも多様であることを認め合い文化を創造していく未来志向の地球人を育てていくことになるのです。

⑤　伝統文化を大切にした教材の開発

　「生活の営みに係る見方・考え方」のうち，家族や家庭，衣食住，消費や環境などに係る生活事象を「生活文化の継承・創造」の視点でとらえ，よりよい生活を営むために工夫することを学ぶことができます。どの題材もこの視点でとらえることはできますが，すべての題材を取り上げて，伝統文化の視点で展開することは難しいでしょうから，２年間の題材の中で，重点的に「生活文化の継承と創造」の視点で題材構成できそうな内容を決めておくとよいでしょう。

　たとえば，「ごはんとみそ汁」では，日本の伝統的な食事のよさや日本の伝統的な食品を扱ったり，そこで扱う食品や調理方法，調理用具の使い方だけでもたくさん学習する内容が見つかります。

　また，「季節に合った住まい方」では，日本の伝統的な暮らし方から，涼しく住まう方法やあたたかく住まう方法を学ぶことができます。昔の暮らしの知恵や工夫から現代の生活の中でできる工夫を導くことができるのです。

　衣生活についても，糸と針を使ってできる家庭の仕事は，自分の生活の中で使うものを使いやすくしたり，自分の仕事をしやすくしたりすることに役立ちます。

　日本は南北に長く，四季の移ろいに合わせてつくられた生活文化があります。子どもたちが生活する地域の四季を大切にする生活文化を知り自分の生活に生かすことを学べるように題材構成を図ります。

〈資料〉～伝統文化とかかわりのある教材例～
○郷土の野菜を取り上げて，ゆで野菜のサラダやおひたしを作る。
○郷土のおせち料理の中に習った調理法（ゆでる・いためる）でできるものを見つける。
○だしの種類や取り方を学び，実際にだしを使った料理を考える。
○時代を経て生活に根付いている郷土の織物のよさ（強さ・風合い・色目など）にふれる。
○昔ながらの掃除の仕方。
○四季の生活の中で楽しい暮らしぶり。

> **子どもの声を聞いてみよう**
>
> 　私たちの毎日の暮らしの中で当たり前と思っていたことでも，当たり前にもいろいろわけがあったり，よく考えられていて理にかなっていることがたくさんあります。日本文化のすばらしいところを大切にして，途絶えないように生活の中にい生かしていくとともに，他国の人にも伝えていきたいと思います。他国の文化も知って，比べてみるとおもしろいかもしれません。
>
> **あなたへの問い**
>
> 　私たちの暮らしの中で，大切にしたい日本の文化はありますか？

楽しい食事を工夫しよう～魯山人に学ぶおもてなしの心～

題材名　第6学年「まかせてね　京・今日の食事」

本実践の特徴

　総合的な学習の時間と家庭科の時間を並行して，クロスカリキュラムにより日本の伝統文化の視点で食生活を豊かにするためにおもてなしの心で楽しい食事を工夫する学習として位置づけている。日本料理で大切にしている，季節感や彩り，器の選び方，盛り付け方など体験を通して，感性を働かせて，相手を思いやる気持ちで食事の用意をどのように工夫すればよいかについて気づいていく実践である。

1　題材のねらい

　主に生活文化の継承・創造の視点による見方・考え方を働かせて，ゆでた野菜を"器に盛り付ける"ことによって，"おもてなし"という日本の伝統的な食文化のよさを味わうことができることに気づく。おもてなしの心から楽しい食事を工夫することができる。

2　指導計画（全10時間）

　　　　　　　　　　　　　　　　　　　　　　　　｜総合的な学習の時間 1/24
　　　　　　　　　　　　　　　　　　　　　　　　｜「受け継ごう日本の伝統文化」

第1次　ゆでた野菜を盛り付けてみよう………2時間　**本時 (2/2)**
第2次　家族へのおもてなしの食事を作ろう…7時間
　　　・一食分の献立の立て方を考えよう
　　　・家族のことを考えた食事作りの計画を立てよう　　｜和食・華道・茶道・陶芸等
　　　・おかずの調理をしよう　　　　　　　　　　　　　各テーマの追究活動へ
　　　・家庭での実践の計画を立てよう　　　　　　　　　　　　　　　　23/24
第3次　楽しい食事を工夫しよう………………1時間

3　評価について

　材料に適した切り方やゆで方を考え，おいしく食べるための盛り付けや配膳の方法を主体的に考え工夫している。料理の盛り付けを通じて家庭生活における家族や来客などのもてなし方についても考え，家庭生活を創意工夫して実践していこうとしている。

4　指導の流れ（本時案）

（1）本時の目標

　ゆでた野菜を器に盛り付けて，おもてなしの楽しい食事の工夫をする。

（2）展開

	学習活動	指導上の留意点
導入	1　本時の学習の見通しをもつ。 　　魯山人になって，料理を器に盛り付けてみよう 2　ゆでた野菜と選んだ器を確認する。	 ○前時までに，グループごとに器を選び，野菜をゆでておく。
展開	3　北大路魯山人の話を聞く。 4　グループで話し合って，ゆでた野菜の盛り付けを体験する。 6　作品を展示し，互いに鑑賞する。	○「器は料理の着物である」の意味を考える。北大路魯山人のいくつかの作品を見る。 ○料理だけにこだわったのではなく，客をもてなすことに徹底的であったことを知る。 ○野菜は日本料理の五色と季節感を生かし，パプリカ，ゆで卵，トウモロコシ，枝豆，刻みのりを使い，飾りに青モミジを用意しておく。 ○敷紙と器も生かしながら，盛り付けていく。 ○互いの作品を鑑賞することで，色や形の組み合わせの多様性や面白さに気づいて評価し合えるようにする。
まとめ	7　試食して，学習を振り返る。	○互いの作品を見た感想を述べる。 ○見てもらった専門家からの講評を聞く。

（3）評価

　ゆでた野菜を器に盛り付けて，おもてなしの楽しい食事の工夫ができたか。

5 授業の様子

6年生になった子どもたちにとっては，「野菜をゆでる」ことはもう難しいことではない。食生活を豊かにすることは，複雑な料理を作ることでも，高価な食材を扱うことでもない。シンプルな料理であっても，相手や季節感や場を思い，丁寧に仕上げて食してもらうことは日本の伝統文化のよさである。

ここでは，地元京都で暮らした北大路魯山人に出会わせることによって，総合的な学習の時間とも並行しながら，器を選んだり，料理を盛り付けたりすることを通して，伝統的な食文化から食事の楽しさを見つけようと考えた。

題材の構成は下の図の通りである。

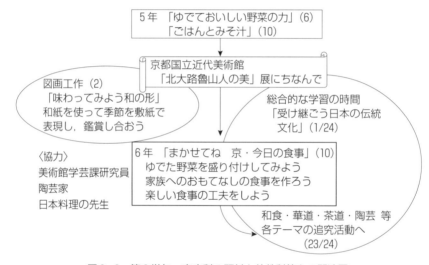

図6-1 第6学年 家庭科の題材と他教科等との関連図
（注） カッコ内の数字は，授業の時間数

ここでは，これまでに習った日本料理の五色にならって，パプリカ（赤）卵（白・黄）とうもろこし（黄）枝豆（緑）をゆで，海苔・胡麻（黒）と青モミジ（緑）を飾りにして盛り付けてみることにした。

器は地域の陶芸家の方がいろいろな形や色のお皿を貸してくださった。二〜三人グループで一つの皿に盛り付けていく。一つひとつの食材を丁寧に位置や向きも確かめながら，意見を出し合って，完成させていった。

C 「トウモロコシは少しだけ重ねて盛り付けよう。」

C 「パプリカの赤の上に青モミジきれい。」

C 「卵の上に，少しだけ黒胡麻を。」

T 「いろいろなグループのを見て，どうでしたか？」

C「とてもきれいに盛り付けられていて，どれも美味しそうに見えます。」

C「間をつめたらたくさんはのせられるけど，少し間をあけて盛り付けた方がきれい。」

C「いつも家で，お皿のことってあんまり考えていなかったけど，季節によって変えたり，料理によって変えてみたいと思いました。北大路魯山人の言った"器は料理の着物"っていう意味がわかったような気がします。」

C「器が料理を引き出す力をもっているっていうか，ただのゆでた野菜とは思えないくらいおいしそうに見えてよかった。」

そして，試食の時間が始まった。ただのゆでた野菜なのに「おいしい。おいしい。」と感動しながら味わった。総合的な学習の時間にお世話になる予定の日本料理の師匠の先生がかけつけてお話してくださった。「どれも100点満点や。おもてなしの心がぎゅっとつまってるのがようようわかった。日本の伝統文化はみんな一緒。相手のことを思う心が大事なことを覚えておいてほしいなと思います。」子どもたちの心に残る結びの話だった。

　この実践では，伝統文化という視点をもちこむことで，これまで扱ってきた教材のもつ可能性を広げることができたとともに，教材が学校と地域のもつ力を融合させることで，教育資源の掘り起しにより，地域にも力を与えることを明らかにできたのである。

🔍 実践のポイント

- 盛り付けや演出を工夫させることによって，楽しい食事を工夫することができることや子どもなりの感性を引き出して，食生活を豊かにすることができることに気づかせることができる。
- 日本の伝統を生かしたおもてなしの心で，器を選んだり盛り付けたり配膳したりすることも大切にしたい。

Lesson 7
社会に開かれた教育課程を授業で実現しよう
──── 地域の教育資源を生かして，目指す姿を社会と共有する ────

■1 社会に開かれた教育課程とはどういうことか

　学校が子どもたちの充実した生活を実現しつつ，多様な人々とつながりを保ちながら学ぶことのできる開かれた環境となるためには，「学校教育の中核となる教育課程もまた社会とのつながりを大切にする必要がある」ことが中央教育審議会答申[1]でも述べられています。この「社会に開かれた教育課程」は次の3点が重要な鍵をにぎっています。

①学校教育を通じてよりよい社会を創るという目標を社会と共有・連携
②教育課程で求める資質・能力を社会と共有・連携
③教育課程の目標を社会と共有・連携

　教育課程を通して，これからの時代に求められる教育を実現していくためには，よりよい学校教育を通してよりよい社会をつくるという理念を学校と社会が共有し，それぞれの学校において必要な学習内容をどのように学び，どのような資質・能力を身につけられるようにするかを教育課程において明確にしながら，社会と連携や協働を図っていく必要があります。

　そのためには，学習指導要領等をもとに学校・家庭・地域の関係者が幅広く活用できる「学びの地図」として，学校独自の教育計画やリーフレットをもとに懇談を通して共有することが大切です。また，学校や教師が教育課程を軸に教育理念を家庭や地域と共有し，学校教育の改善・充実をともにすすめる「カリキュラム・マネジメント」の実現を目指し協働参画してもらうことも大切です。

■2 家庭科で実現する「社会に開かれた教育課程」

（1）家庭科教育の目指す資質・能力と家庭および社会はどうつながるのか

　今後の社会を担う子どもたちには，グローバル化，少子高齢化，持続可能な社会の構築等の現代的な諸課題を適切に解決できる能力が求められています。小学校家庭科においては，家族の一員として家庭の仕事にかかわり家庭生活を大切にする心情を育むための学習活動や，家族や異世代の人々など人とよりよくかかわる力を育成するための学習活動を充実することが求められています。家庭科の学習では，「生活の営みに係る見方・考え方」として「持続可能な社会の構築」という視点があげられているように[2]，子どもたちに家

族や社会の一員であることの自覚をもたせ，地域の人的・物的資源を活用したり連携したりすることで，主体的に人や社会とのつながりを実感させ，将来にわたって自らそれらにかかわる活動を充実していくことが必要なのです。

（2）家庭科での学びと「社会に開かれた教育課程」

　家庭科の学びにおいては，子どもたちが身近な地域を含めた社会とのつながりの中で学ぶことで，自らの生活や地域をよりよく変えていくことができるという実感をもつことができるでしょう。今日の学習指導要領の改訂においては，教育課程を通じて，子どもたちが現実の社会とのかかわりの中で豊かな学びを実現することが求められていると読みとれます。「社会に開かれた教育課程」の趣旨を踏まえると家庭科の役割はとても大きいといえます。

　また，家庭科の主な学習対象である家庭生活は，社会の最少単位であり，生きる上での自身の拠り所となる場所であることから，家庭生活の基盤が強固であれば，子どもたちは安心して外に向かって歩き出します。そして，これからの社会を生き抜き，果敢に未来を切り拓いていくことができるようになるのです。つまり，家庭科においては，子どもたちが家族関係や家庭生活のあり方や衣食住の生活の工夫，消費生活と環境や地域とのかかわりなどについて学ぶことは，将来の家庭生活の土台を築くことに直結しており，次世代の生活や社会を切り拓いていくことにもつながっているといえるでしょう。

　このような認識のもと，家庭科を学ぶ意義やよさを家庭や地域の人々に広く知ってもらうことも，社会に開かれた家庭科の学びをつくる上で重要なことではないかと思います。

3　地域の教育資源の活用と教材化

（1）家庭との連携や地域の人的・物的資源の活用と教材化

　家庭科の学習は身近な家庭科生活や実生活を対象にしていることから，これまでも家庭との連携はもとより，地域や社会との連携を図ってきた教科です。家庭科で子どもに身につけさせたい資質・能力を考えると，学校内に閉じた教育活動だけで目標を実現させることは難しいものです。本物に触れる体験や実生活や実社会の課題に接する体験を通してこそ，子どもたちの学びはより広くより深いものとなっていきます。そのためには地域の人的・物的資源の掘り起しと活用および教材化等のマネジメントが重要となってきます。

　たとえば，人々の生活の営みについてより科学的に理解したり，伝統的な文化の理解をより深めるために，食生活の学習では地域の特性を生かした食材を使って調理を行ったり，地域の料理の専門家から伝統文化を踏まえた指導を仰いだりすることも可能でしょう。衣生活の授業においても，地域の伝統的な織物や材料，工芸品などを参考にした題材開発もできるでしょう。住生活の授業でも，地域の気候や文化によって生まれた住まいの特徴や

暮らし方の工夫について調べたり教わったりすることも可能です。また消費生活や環境についての授業では，行政機関やNPO法人とも連携した最新の情報提供や，教材開発を協同で行うなどの実践も進んできています。このような連携を進めることによって，持続可能な社会の実現に向けて，社会と共に目標を共有できるのではないでしょうか。

　このように，地域の人的・物的教育資源を活用することによって，子どもたちの学びに広がりや深まりが生まれるとともに，学習を通して，子どもたちが地域とのつながりを実感したり，社会参画の意義に触れたりして，主体的にかかわることに魅力を感じていくのです。

（2）地域の支援・ゲストティーチャーの活用

　家庭科の年間指導計画を作成するにあたって，子どもや学校の実態に応じたものにするのはもちろんのことですが，地域の実態も十分把握することが大切です。「開かれた学校」として，地域の方々が学校に協力してくださる体制が整ってきた学校も多いのではないでしょうか。子どもたちが地域の人々に温かく見守られて成長していくことは，教育的な効果も大きいと考えます。総合的な学習の時間をはじめ，様々な教科で地域の人々にお世話になっていることが多いと思いますが，中でも家庭科という教科はその特性上，地域のことを調べたり，聞き取りをしたり，見学に行かせてもらったりと，地域のお世話になることが多い教科です。地域の支援を受けたり，ゲストティーチャーをお願いしたりする場合には次のようなことに留意しておきましょう。

①支援やゲストティーチャーの依頼については，管理職や教職員全体の共通理解のもとに行う。

②教師は授業のコーディネーターとして，十分な打ち合わせの時間を取って，授業の意図や目的をゲストティーチャーに理解してもらう。

③授業者はあくまでも担任であり，ゲストティーチャーに任せきりにすることなく，必要なところで効果的に話をしてもらうようにする。

④子どもがよい態度で授業に臨み，感謝の気持ちが表せるように事前に指導しておく。

　専門的な視点から話をしてもらったり，教えてもらったりするためのゲストティーチャーの活用もありますが，ミシンの指導や料理の補助として，地域の方や保護者にボランティアをしてもらう場合もあります。子どもたちがより安全に安心して学習に向かえる環境を保障できるなら，学校として継続的にそのような体制をとって学習を充実させていくことも考えられるのではないかと思います。

〈地域の支援・ゲストティーチャーの活用例〉

○地域で食材を生産している畑や工場などに見学に行き，話を聞いたり実際に作業をさせてもらったりする。

○地域で育ったお米や野菜を使って調理実習をする。いただいた農家の方々を招待して試食してもらいながら作り手の話も聞かせてもらう。

○地域の方に調理実習にアドバイザーとして入ってもらい，地元の食材の調理や，用具の使い方の指導も補助してもらう。経験の少ない5年生は安心して実習ができる。

○はじめての裁縫の玉結び・玉止めに手がかかるため，裁縫の得意な地域の方に助けてもらう。授業参観で保護者に個別に手ほどきしてもらうこともできる。

○地方の特徴的な住まいを見学させていただき，そのよさや暮らし方の工夫を知り，郷土の生活文化にふれる。

○地域に伝わる伝統の織物や染物の特徴やよさを教えてもらい，端切れを使ってプレゼントを作る。

○地域のためにボランティア活動している方にお話を聞く。

○家族防災会議に地域の方にもオブザーバーとして入ってもらって意見を聞く。

家の人・地域の人の声を聞いてみよう

「子どもたちは，これからの社会を創り出すために大切なことを学習していることがわかりました。成長とともに，家族の中でも地域の中でも活躍してほしいし，白信をもってかかわってほしいと思っています。」

「学校の授業に参画していくことも必要かもしれません。大いに協力したいと思います。」

あなたへの問い

課題を社会と共有するとはどういうことでしょうか？　身近な例をさがしてみましょう。

京町家に学ぶ快適な暮らし～夏をすずしくさわやかに～

題材名　第6学年「夏をすずしくさわやかに」

本実践の特徴

　季節に合った住まい方については，科学的な根拠を理解しつつ，人の住まい方をどう工夫するかに気づかせていく必要がある。身近でありながら，子どもたちにとって，主体的・意欲的に住まいのことについて学習するのは難しい。そこで，地域の昔からの京町家の構造と住まい方について，見学体験と専門家による科学的な根拠にもとづいた解説によって，子どもたちに興味や関心をもたせて，より主体的な課題解決学習へと組み立ててみた。

1　題材のねらい

　主に健康・快適・安全の視点による見方・考え方を働かせて，暑い季節を気持ちよく過ごすための工夫を考え，生活の中に生かすことができる。

2　指導計画（全6時間）

第1次　夏を健康で快適に過ごすための暮らし方を工夫しよう……………4時間

　　　　•町家の見学に出かけよう

　　　　•夏を快適に過ごすための工夫を見つけよう………………………**本時（3/4）**

　　　　•マイさわやかプランを立てよう

第2次　衣服の着方と手入れの仕方を考え，手洗いで洗濯をしてみよう…1時間

第3次　自分にできる夏の暮らし方の工夫を実行し，発表し合おう………1時間

　　　　（マイさわやかプランの実践と報告を行う）

3　評価について

•住まいの主な働きがわかり，季節の変化に合わせた生活の大切さや住まい方について理解し，快適な住まい方について考え課題解決を通して工夫している。

•主体的に快適な住まい方について考え，家庭生活の実践に生かそうとしている。

4 指導の流れ（本時案）

（1）本時の目標

　京町家の工夫を知り，夏をすずしくさわやかに暮らすヒントを見つけ，自分の生活に生かす工夫について考えることができる。

（2）展開

	学習活動	指導上の留意点
導入	1　本時の学習の見通しをもつ。 京町家の工夫を知り，夏をすずしくさわやかに暮らすヒントを見つけよう 2　前時の町家見学を思い出す。	○見学に行ったときの DVD や写真を見て想起する。
展開	3　京町家にはすずしくさわやかに暮らすためのどんな工夫があったか思い出す。 　・グループで交流する。 　・全体でも交流する。 4　専門家の話を聞く。 5　京町家で見つけた工夫から，自分の生活に生かすことができる工夫を考える。	○奥座敷や土間のたたきで聞いた話を思い出す。外の屋根や庇（ひさし）についても思い出す。 ○発表の中から，風通し（通風）・日光の遮断（遮光）・その他の観点に集約していく。 ○夏の太陽の高度と庇の関係，温度と空気の流れによる通風の原理などの説明を町家の模型を使ってする。 ○自分の考えに加えて友だちの意見も加筆してよいことにする。 ○現在の間取りと比較しながら，町家と似ているところや置き換えて考えられることを示唆する。
まとめ	6　学習を振り返る。	○マイさわやかプランは夏休みの間に実践して報告し合うことを伝える。

（3）評価

　京町家の工夫を知り，夏をすずしくさわやかに暮らすヒントを見つけ，自分の生活に生かす工夫について考えることができる。

5 授業の様子

　京都の町の中で暮らしていても，京町家のことはあまり知らない子どももたくさんいる。町を歩いていると，まだまだ町家がきれいに軒を並べて立っている風景も見られる。ところが，ここ数年，高齢化にともない，町家は空き家が増えどんどん取り壊されていっている。市民ぐるみで大切な町家文化を守ろうとしている。もともと住まいの学習の教材としての町家には魅力があったところへ，都市計画や住宅政策を行う行政側からも，教育の中で京町家をどのように取り上げていくかを一緒に考えようとする流れが起こってきた。

　そんなところへ，大学の研究機関も協力してくれることになった。校区にある，町家の開放によって，子どもたちは京町家を見学できることになった。

C「これ，おばあちゃんちに似てる。」

C「わあ，すずしい。クーラーもないのに。なんでこんなに風が通るの？」

C「なんかひんやりするなあ。土間があるからか。でも暗いなあ。光が直接差さないからすずしいんか？」

と口ぐちに話し出した。

C「わあ，素敵。こんな町の中なのに緑がいっぱい。」

T「京町家の庭は植える木も考えてあるのです。庭の木は夏は生い茂り，庇が日光を遮り冬は太陽の角度で日ざしを取り込めるようになってるの。」

C「葉っぱがすれる音もすずしい気がするね。」

C「さっきの台所のところ，すごくひんやりしたよ。」

C「風の通り道って感じだったよね。」

C「庭に水をまいてありますが，見た目がすずしいからですか？」

T「それは，次回教えてあげます。」

　そして，見学の翌週の家庭科の時間，市の住宅政策室が用意してくれた京町家の模型を使って大学の院生が教えてくれた。

T「この間の町家を思い出してね。すごく，風通しがよかったよね。庭の打ち水のことも
　たずねてくれていました。こうやって，水を撒くことで，温度差ができると風が通りや
　すくなるんです。朝夕で，おもてと奥のどちらかに水を撒くわけです。」

C「なるほど，そういうことか。家の中に風の通り道をつくったらいいんだ。」

T「こちらは，太陽の高度ですが，みんなが外から町家を見たときに，1階にも屋根が
　あったよね。あの庇はどんな役割をしているかわかりますか？」

C「ああ，雨宿りもできるし，陰もつくってた。」

T「ほかにも，座敷で気づいたことなかったですか。」

C「あっ。建具替えを教えてもらった。葭戸っていうのに替えるって。敷物も網代とか藤
　むしろで気持ちいいのが敷いてあった。」

　一度見学体験して実感している強みである。様々な感覚を働かせて，気持ちのよい住ま
い方の工夫がなされていることにも気づいていく。自分の家でも生かす工夫が見つかった
のか，「早く，忘れてしまわないうちに，さわやかプランを考えてみたい」と言い出した。

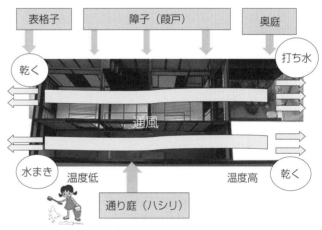

🔍 実践のポイント

・「京町家の存続」という社会の課題と学校でのこれからの文化を継承していく子どもたちの学
　習課題とを共有することによって，より効果的な学習環境を整えて教材化することができた。

・見学などの体験をすることによって，実感をともなった理解ができ，自分の生活に生かしてみ
　たいという意欲や興味関心を強くもつことができた。

京町家に学ぶ快適な暮らし〜冬を明るくあたたかく〜

題材名 第6学年「冬を明るくあたたかく」

本実践の特徴

　夏の住まい方と同様に季節に合った住まい方の工夫は，科学的な根拠を理解しつつ，人の住まい方をどう工夫するかに気づかせていく必要がある。身近でありながら，子どもたちにとって，主体的・意欲的に住まいのことについて学習するのは難しい。そこで夏の京町家の見学体験を生かして，さらに専門家による新たな科学的な根拠によって，子どもたちに興味や関心をもたせて，冬の生活を夏と対応させながら，より主体的な問題解決型の学習へと組み立ててみた。

1　題材のねらい

　主に健康・快適・安全の視点や持続可能な社会の構築の視点による見方・考え方を働かせて，冬の寒い季節を明るくあたたかく過ごすための工夫を考え，生活の中に生かすことができる。

2　指導計画（全4時間）

第1次　寒い冬を健康で快適に過ごすための暮らしの工夫を考える……………2時間
　　　　・京町家の模型を使って，冬を快適に過ごすための工夫を見つける…**本時**
　　　　・マイほかほかプランを立てよう
第2次　日光や暖房器具，照明器具の活用の仕方を考える………………………1時間
第3次　自分にできる冬の暮らしの工夫を実行し，発表し合う…………………1時間
　　　　（マイほかほかプランの実践と報告を行う）

3　評価について

・住まいの主な働きがわかり，季節の変化に合わせた生活の大切さや住まい方について理解し，快適な住まい方について考え課題解決を通して工夫している。
・主体的に快適な住まい方について考え，家庭生活の実践に生かそうとしている。

4　指導の流れ（本時案）

（1）本時の目標

　京町家の工夫を知り，冬を明るくあたたかく暮らすヒントを見つけ，自分の生活に生かす工夫について考えることができる。

（2）展開

	学習活動	指導上の留意点
導入	1　本時の学習の見通しをもつ。 　京町家の工夫を知り，冬を明るくあたたかに暮らすヒントを見つけよう 2　夏の暮らしの学習を思い出す。	○夏の暮らしで学習したDVDやパワーポイントを見て想起する。
展開	3　京町家の模型を参考に，冬を明るくあたたかく暮らすための工夫を考える。 　・グループで話し合う。 　・全体で話し合う。 4　専門家の話を聞く。 5　京町家で見つけた工夫から，自分の生活に生かすことができる工夫を考える。	○夏の工夫に対応した視点で考えるようにする。 ○発表の中から日光をうまく取り入れる（採光）・あたたまった空気を逃がさない（保温）ための工夫に着目させる。 ○太陽の高度が低くなって，日が差し込みやすくなったことや，風通しのよい町家の構造は，建具によって，何層もの空気の層を作って暖気を逃がしにくいこと，暖房器具としての火を使う場所を決めて，なるべく一つの部屋に人が集まるような住まい方の工夫についても触れるようにする。 ○京町家での工夫を現代の生活での暖房器具の使い方やカーテンの使い方などに生かすようにする。
まとめ	6　学習を振り返る。	○マイほかほかプランは冬休みの間に実践して報告し合うことを伝える。

（3）評価

　京町家の工夫を知り，冬を明るくあたたかく暮らすヒントを見つけ，自分の生活に生かす工夫について考えることができたか。

5　授業の様子

　夏に続いて，住まい方の学習の見通しが立っている。町家の模型を見るだけで，「冬を快適に過ごすための工夫を見つける」課題の把握ができた。夏の学習とセットになっていることが子どもたちにとってはわかりやすく，意欲ももたせやすい。

　少し時間がたっているので，DVD やパワーポイント資料などを見せながら想起させたが，京町家の模型を見て話し合っていくうちに，いろいろなことを思い出してきた。

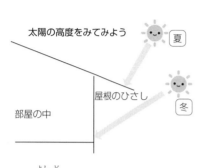

太陽の高度をみてみよう
夏
屋根のひさし
冬
部屋の中

T「夏に比べると，太陽の高度はどうなりますか？」
C「低くなって，日が差し込む。」
C「家の中はあたたかくなるよね。」
T「夏は，日よけのすだれをしていましたが。」
C「そうか。冬は光を通してほしいから障子か。」
C「日本人てかしこいなあ。」
C「ほかの建具も変えたよなあ。」

T「蔀戸はふすまに変えたり，家の中にはたくさん建具があって，それであたたかい空気を逃げないようにしているのですね。」

　ここから，京町家の構造自体が，建具を何層にも使うことで，夏には風通しのよかったウナギの寝床のような長い家屋が，あたたかな空気を逃げにくくしていくことも，模型をうまく使った説明で納得できた。しかも，京町家は木造でできているために，一番こわい火災を防ぐためにも，いろいろな場所で火を使うことをきらった。そのせいで，家族はひとところに集まって，暖を取るのが当たり前とされてきた。

　そこから炬燵といった発想が生まれ，家族はひとところに集まって，無駄をせず，楽しく団らんする時間も生み出したのである。住まいの構造だけでなく，そこには暮らす人々の住まい方の工夫もあったことに気づいてくる。

　一方，今の子どもたちの生活では，一部屋ずつにエアコンがついているので，夏でも冬でも個室でエアコンを安易に使っていることも多いはずである。

　このようなことに気づき出すと，今の住宅事情でも工夫を生かすこともできるという確信が生まれてくる。

　夏のくらしを思い出しながら，今度はどんな工夫ができそうか考えていくことになった。

C「この窓際にあるカーテンをどの時間に引くかが問題。」
C「せっかくあたたまった空気を逃がしたらもったいないものなあ。」

京町屋

現代の住まい

C「カーテンを二重にするとか，分厚い布にするのも大事やで。」

C「敷物もかえた方がいいよ。」

C「ずっとエアコンつけなくてもあたたまった空気を逃がさない工夫が大事なんだね。」

C「でも換気はした方がいい。」

T「それぞれどんなマイほかほかプランができたかな。」

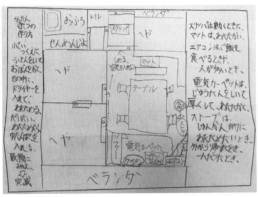
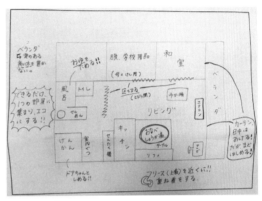

子どもたちのマイほかほかプラン

C「わたしは，いつもエアコンにたよっていましたが，この学習を通して，家族が工夫してあたたかく住まう工夫をするということが，けっこう楽しいんじゃないかと思うようになりました。ぜひ家族でも話し合ってみたいと思います。」

　住まいの学習はこうやって，科学的な視点から家族の団らんというホットな話題へと進展してマイほかほかプランができあがっていった。

🔍 実践のポイント

• 社会が共有したいことは，建造物としての町家を保存することだけではなく，町家で営まれてきた生活文化の継承が必要であるということではないだろうか。

• 住まいとは，人が安心して，心を通わせながら，長く大事に使っていくものであるという感覚を子どもたちには実感をともなって理解させていきたい。

Lesson 8
持続可能な社会を目指した生活をつくる 授業をつくろう
── 消費生活と環境に目を向けよう ──

■1 持続可能な社会とは

最近ニュースや新聞・本などでもよく目にする"持続可能な社会"とは一体どんな社会を指しているのでしょうか。

「地球環境や自然環境が適切に保全され，将来の世代が必要とするものを損なうことなく，現在の世代の要求を満たすような開発が行われている社会」（小学館『大辞泉』による）とされています。

すなわち地球規模で，自分たちを取り巻く事象について様々な切り口で課題を洗い出し，すべての人々の要求を満たせるように未来志向で考えていこうとする社会であることを，みんなで自覚し，協力して解決していきましょうということです。

目の前の今生きている自分の問題解決だけではなく，将来やがてやってくる社会でどのようなことが起こるかを予測しながら，現在とのずれを修正し，どのような解決方法があるかを考えていく時代がやってきたのです。

"持続可能な開発目標（SDGs）"とは，2001年に策定されたミレニアム開発目標（MDGs）の後継として2015年9月の国連サミットで採択された「持続可能な開発のための2030アジェンダ」にて記載された2016─2030年の国際目標です。持続可能な開発のための17のグローバル目標と169のターゲットから構成され，地球上の誰一人として取り残さないことを誓っています。SDGs は発展途上国のみならず，先進国自身が取り組むユニバーサル（普遍的）なものであり，日本としても積極的に取り組んでいく方針を打ち出しています[1]。

■2 わたしたちの家庭生活と"持続可能な社会"

学習指導要領に打ち出された家庭科の目標にある「生活の営みに係る見方・考え方」の一つとして，「持続可能な社会の構築」があげられています。地球規模の未来志向の視点をもちながら，今現在の身近な出来事や身の回りの生活の仕方に目を向け，「自分にできることは何か」「自分のすべきことは何か」を考え実践していく学習が必要と考えられています。未来を生きる子どもたちには，今だけでなく，数年後，数十年後の社会を予測し，今から解決できることは今から変えていく，失ってはいけない物は今から大切にする，今

はできていなくても将来のあるべき姿を目指して変えていく，こういった未来志向の学びの姿勢を家庭生活という実践的な立場の事象からとらえ，具体的な行動とともに学習を重ねていくことが大切なのではないでしょうか。

　家庭科で扱う学習内容の中でも，"消費生活と環境"に関する内容はとても重要です。"衣食住の生活"とも関連して，持続可能な社会の構築の視点から自分の家庭生活を見つめ直すことで，意識は変わってきます。また社会は一人ひとりの人間や一つの家庭だけで成り立つわけではありません。他とのかかわりや協力・協働によってコミュニティが成立し，いろいろな立場のいろいろな考え方をもつ人々と共生していく中で，最適な解を見出しつつ，生活していかなくてはなりません。

　誰一人取り残すことのない持続可能な多様性と包摂性のある社会の実現のために立てた17の国際目標には次のような五つの特徴があります。「**普遍性**（先進国を含め，全ての国が行動），**包摂性**（人間の安全保障の理念を反映し「誰一人取り残さない」），**参画性**（全てのステークホルダーが役割を），**統合性**（社会・経済・環境に統合的に取り組む），**透明性**（定期的にフォローアップ）」となっています[2]。

　持続可能な社会の構築は，様々な分野や内容を抱えていますので，なかなか焦点を絞りにくいのが現実ですが，家庭科の学習の中では，未来志向の観点にも立ちやすい「消費生活と環境」の内容でこの"持続可能な社会の構築"のものの見方・考え方を働かせるのがベストではないかと思います。

❸　小学校家庭科の学習と"持続可能な社会"

（1）小学校家庭科で目指す資質・能力と持続可能な社会とのつながり

　先に述べたことを学習者の目線で置き換えると

　普遍性（すべての子どもたちが，主体的に参画する）

　包摂性（すべての子どもたち，すべての家族のことを取り残さない）

　参画性（すべての子どもたちが役割を担って主体的に活動する）

　統合性（領域や分野を超えて，総合的に物事を見て思考・判断していく）

　透明性（自己評価やいろいろな人の意見をもとにしながら立ち止まり前進していく）

といったことになるのではないでしょうか。教師はこれらのことを念頭に置きながら，学習内容や学習過程を組み立てていくことが大切です。

　たとえば，学習内容としては，題材を組み立てるときに，衣食住の生活と消費生活と環境を組み合わせて総合的に物事を見てよりよい生活とは何かを考えていったり，家庭生活の中で自分の役割を自覚し，家族の一員としてあるいは地域の一員としてどうしていけばよいのかをたえず意識させていったりという視点も大事です。

　学校での授業においても，すべての子どもが主体的に意欲をもって参画できるように，

展開や学習形態を工夫することも必要です。また，指導と評価の一体化により，どの子どもにも学習の成果が得られているか立ち止まって確認し，対処した上で次のステップにすすんでいくといったきめ細やかな指導の計画性が必要です。

　すなわち，教師は家庭科の授業を通して，持続可能な社会の構築に向けての見方・考え方を育てるとともに，子どもたちの学習権を保障し，確実にどの子どもにも，育てたい資質・能力が身につくように努力していかなくてはならないのです。

（2）学習指導要領の学習内容との関連

　新学習指導要領解説によると，家庭科改訂の趣旨の中で，平成20年改訂の学習指導要領の成果として普段の生活や社会に出て役立つ，将来生きていく上で重要であるなど，児童生徒の学習への関心や有用感が高いなどの成果が見られる。一方，家庭生活や社会環境の変化によって家庭や地域の教育機能の低下等も指摘される中，家族の一員として協力することへの関心が低いこと，家族や地域の人々と関わること，家庭での実践や社会に参画することが十分ではないことなどに課題が見られるとされています。また，家族・家庭生活の多様化や消費生活の変化等に加えて，グローバル化や少子高齢社会の進展，持続可能な社会の構築等，今後の社会の急激な変化に主体的に対応することが求められる[3]とされています。

　そうした背景から，具体的な改善事項として，教育内容の見直しも図られ，消費生活や環境に配慮した生活の仕方に関する内容の充実と他の内容との関連を図ることで，実践的な学習活動をよりいっそう充実させることが求められています。

　具体的には，小・中・高等学校の内容性を明確にし，各内容の接続も見えやすいように小中学校では従前のA・B・C・Dの四つの内容を「A　家族・家庭生活」「B　衣食住の生活」「C　消費生活・環境」の三つの内容とし，A・B・Cそれぞれの内容は，「生活の営みに係る見方・考え方」に示した主な視点も共通していると書かれています。

　そして，「生活の営みに係る見方・考え方」と関連を図るための内容の充実として，「A　家族・家庭生活」の（1）「自分の成長と家族・家庭生活」のアでは協力の視点で触れています。また「生活の営みに係る見方・考え方」における健康・快適・安全および持続可能な社会の構築等の視点と関連を図るため「B　衣食住の生活」および「C　消費生活・環境」における「働きや役割」に関する内容の充実と改善を図っています。

　学習指導要領の目標に挙げられている「生活をよりよくしようと工夫する実践的な態度」とは，家族・家庭生活，衣食住の生活，消費生活・環境に関する日常生活の様々な問題を，協力，健康・快適・安全，生活文化の大切さへの気づき，持続可能な社会の構築等の視点でとらえ，一連の問題解決的な学習過程を通して身につけた力を，家庭生活をよりよくするために生かして実践しようとする態度について示しています。このような実践的な態度は，家庭科で身につけた力が，家庭，地域から最終的に社会へとつながり，社会を

生き抜く力となっていくために必要なのです。

　社会の変化に対応した内容の見直しには次のような点が挙げられています。

ア　「A家族・家庭生活」においては，少子高齢社会の進展や家庭の機能が十分に果たされていないといった状況に対応して，幼児又は低学年の児童，高齢者など異なる世代の人々との関わりについても扱うこととしている。

イ　「B衣食住の生活」においては，食育を一層推進するとともに，グローバル化に対応して，日本の生活文化の大切さに気付くことができるよう，和食の基本となるだしの役割や季節に合わせた着方や住まい方など，日本の伝統的な生活について扱うこととしている。

ウ　「C消費生活・環境」においては，持続可能な社会の構築に対応して，自立した消費者を育成するために，中学校との系統性に配慮し，買物の仕組みや消費者の役割について扱うこととしている。

4　具体的な学習活動を考える

　課題をもって，持続可能な社会の構築に向けて身近な消費生活と環境について考え，工夫する活動を通して，身近な消費生活と環境に関する基礎的・基本的な知識および技能を身につけ身近な消費生活や環境についての課題を解決する力を養い，実践的な態度を育成することをねらいとしています。

　中学校との連携も考えて，「買物の仕組みや消費者の役割」という内容が小学校学習指導要領に新設されました。これは，中学校学習指導要領に挙げられている「売買契約の仕組み」や「消費者の基本的な権利と責任」「消費者被害の背景とその対応」の基礎となる学習にもなっています。

　すなわち，自分の意思決定による買い物という行為が，身近な環境に与える影響にも気づき，主体的に生活を工夫できる自立した消費者としての素地を育てておきたいからです。授業では，子どもにとって身近な物を取り上げて，自分や家族の生活と結び付けて考え，実践的に学習できるように配慮することが望ましいでしょう。

　子どもによって，家庭生活の状況が異なるので，各家庭や子どものプライバシーを尊重して，十分に配慮しながら取り扱うようにします。個々の家庭の状況を十分把握し，家庭や地域の人々の理解と協力を得ながら，学習活動を行うようにしたいものです。

〈消費生活と環境の具体的な学習活動例〉

○買い物の仕組みを理解するために，自分たちがよく買い物をするスーパーマーケットやコンビニエンスストアでの買い物の場面を思い出して，買う人と売る人によって売買契約が成り立つ仕組みについて，具体的にロールプレイなどをしながら理解できるようにする。

○消費者の役割や工夫に気づかせるために，自分たちの買い物の経験から，買い物袋を持参したり，不要な包装を断ったりすることも消費者の大切な役割であることに気づかせる。（エコバッグを自分たちで作って，買い物に利用することもできる。）

○物の計画的な使い方については，よけいな買い物をしていなかったか，長く使えるという視点で物を選んでいたか，捨てる前に人に譲るとか再利用するなどの方法を考えることはできないかについて考えてみる。（実際にクラスでフリーマーケットやガレージセールのような模擬体験をしてみることもできる。）

○目的に合った買い物をするために，家族でのお誕生日会で出すおやつを選ぶ場面を想定して，物の選び方の学習をする。できれば実際に買い物体験をして，よかったことやもう少し考えた方がよい点などを話し合い，今後の買い物に生かす。

○調理実習と関連させて，買い物の計画を立て，様々な商品の情報を収集整理し，目的と条件に合う品物を選ぶという体験活動を行う。買い物のメモをしたり，記録をすること，予算に合った買い物の工夫をすることなどを活動として考える。

○買い物をするための情報として，チラシを集めたり，下見に行って調べたり，店の人に聞き取りをしたりして，値段や分量，品質など様々な視点から情報を整理する。

○選んだ理由や買い方について意見を出し合い，よりよい買い物の仕方について考えが深まるような話し合い活動をする。

○品物を選ぶときの判断基準になる品質の表示の見方や取扱い表示の見方を調べる。実践的に表示の見方を生かして買い物ができるようにする。

○自分の身の回りをよく見つめ，多くの物を持ちすぎていたり，多くの物を使っていることから身近な環境に影響を与えていないかに気づかせる。

○環境に負荷を与えないように，物を長く大切に活用したり，無駄なく使い切ったり，使い終わったものを再利用したりするなどの工夫が大切であることに気づかせる。

○調理実習で火や水などのエネルギーをできるだけ使いすぎないような調理の計画を立てたり，油汚れの少ない調理方法などを考える。

○ごみの分別などをいつも心がけ，日常の家庭生活においても実践できるようにする。

〈参　考〉

エコ・クッキング（環境に配慮した調理）

買い物

- なるべく旬のものを買う

- 値段を比べて，必要な量を考えて買う

- 過剰包装のものは避ける

- 買い物にエコバッグを持って行く

- 環境に配慮した商品を選ぶようにする（フェアトレードにも目を向ける）

調　理

- 必要な分量（食べきれる分量）を用意する

- 無駄なエネルギーを使わないようにする（鍋の大きさや水の量・火力）

- 食べるタイミングを考えて調理する（コンロの使い方）

- 片づけることを考えて調理する（洗い物・油汚れ）

- 食材を上手に使い切り，生ごみを減らす

食べる

- 残さず食べる

- 食器を汚さずにきれいに食べる

- みんなそろって食べる（温め直ししなくていいように）

後片付け

- 汚れのひどいものから洗う

- 油汚れはふき取ってから洗う

- 洗剤の使い過ぎに注意する

- 節水する（無駄な水を使わない）

- ごみの分別をする

子どもの声を聞いてみよう

　今まで，何げなく生活していたことの中に，いくつも環境のことを考えたり，いろいろな人といっしょに力を合わせて暮らしていることなどに気づきました。自分たちが大人になったときにも，社会全体で，一人ひとりが考えて生活行動できるようにしていかないと，みんなが気持ちよく暮らすことが難しくなってくるのだなあと思いました。自分にできることはどんなことなのか，これからも考えてみたいです。

あなたへの問い

　2030年に向けて，世界が合意した「持続可能な開発目標」が17項目あります。知っていますか？　調べてみましょう。

買い物シミュレーションで買い物名人

題材名　第6学年「見直そう　食事と生活のリズム」

本実践の特徴

　6年生になったので，食事を作るための材料選びから，調理実習までの一連の学習とした。とくに調理実習の買い物に行くことは子どもたちにとっても大変興味深い大切な経験である。しかし，いつでもどんな環境でも買い物の体験学習が保障できるわけでもないし，学習の要素や条件がそろっているわけでもない。ここで取り上げたのは，買い物シミュレーション活動である。できるだけ実践的・体験的な学びを教室の中で行える条件を考えて教材化したものである。

1　題材のねらい

　主に健康・快適・安全の視点に加えて持続可能な社会の構築の視点による見方・考え方を働かせて，毎日の生活を見直し，栄養のバランスのとれた食事作りをするために，調理の手順や材料の選び方や買い物の仕方を考え，朝食のおかず作りを工夫することができる。

2　指導計画（全7時間）

第1次　毎日の生活を振り返ろう……………………………………… 1時間
第2次　朝食のとり方を見直そう……………………………………… 5時間
　　　• 朝食について考えよう（1時間）
　　　• 朝食のおかずを考えよう（1時間）
　　　• 買い物シミュレーションをしよう（1時間）………………**本時（3/5）**
　　　• いためる調理をしよう（2時間）
第3次　健康な生活を考えよう………………………………………… 1時間

3　評価について

• 体に必要な栄養素の種類と主な働きについて知り，料理や食品を組み合わせてとる必要があることを理解し，栄養のバランスが取れた朝食について考え，工夫している。
• 朝食のおかず作りの活動を通して，主体的に買い物から調理までの課題を解決し，実際の家庭生活での実践に生かそうとしている。

4　指導の流れ（本時案）

（1）本時の目標

　買い物シミュレーション活動を通して商品の選び方や買い方を考え，目的に応じた買い物をするときの様々な視点を見つけることができる。

（2）展開

	学習活動	指導上の留意点
導入	1　本時の学習の見通しをもつ。 買い物シミュレーションをして，買い物をするときに気をつけることを考えよう 2　何のための買い物をするのか確かめる。	 ○調理実習の食材を買う際の工夫点について考える学習であることを確認する。
展開	3　買い物シミュレーション活動をする。 ・条件を確認する。 ・各食材3種類の商品から1種類を選び，その理由について個人の考えをワークシートに記入する。 4　選んだ商品とその理由をグループで話し合う。	○野菜いための材料を買い物シミュレーションで買うことを知らせる。 ○条件を提示する。 ＊買う食材の種類　　＊必要な量　　＊予算 ○3種類の商品は，子どもに気づかせたい視点へ導くように提示する。 ○正解を決めるのではなく，どのような観点で選んだのか多様な考え方があることに気づかせる。 ○商品を選ぶために様々な視点があることを確認する。
まとめ	7　学習を振り返る。	○生活の中で生かすことができるか，具体的に考えさせる。

（3）評価

　買い物シミュレーション活動を通して商品の選び方や買い方を考え，目的に応じた買い物をするときの様々な視点を見つけることができる。

5　授業の様子

　子どもたちは，家庭科の学習の中でも，調理実習と買い物実習は大好きである。今回はそれがセットになっているのだから，興味津々で始まった。

T「今日は，本物のお買い物には行かないけれど，教室の中で買い物シミュレーションっていうのをします。何を買うのかわかりますか？」

C「調理実習の買い物！　早くしたい！」

T「じゃ，約束だけしようね。確認するよ。どの品物も3種類，手前のカードに大事なことが書いてあるからちゃんとよく見てね。同じグループの人でもちがう商品を選んでもいいです。自分がなぜそれを選んだかはしっかり考えて意見を言ってね。」

　こうして，買い物シミュレーションが始まった。

C「あっ。これにする，安いもの。」

C「よく見た方がいいよ。それしなびてる。」

C「これは新鮮だけど，こんなに量はいらないし。」

C「やっぱり，こっちにする。」

　生鮮食料品だけではない。ハムのような加工品も選ばなくてはいけない。

C「ねえ，どっちがいいと思う。これおいしそうだな。高級ボンレスだって。」

C「でもいためて食べるんだよ。こっちの方がたくさん入っているし。」

C「同じ量だけど，少しずつ使うから，この小さいパック三つのにする。」

C「でも便利だけど，ごみがたくさんでるだけなんじゃない？」

C「うちは，大家族やし，いつもこっちのお得用みたいなの買ってる。」

C「今度の調理実習は，どれくらいいるんだっけ。もう一度確かめよう。」

　主体的に子どもたちが動きだした。値段・量・品質・環境への配慮など，多くの観点が出てきた。しかも，無駄なく目的にあったものを必要な分だけ買うという実習と結びつけた買い物を意識できていることもわかった。

　そして，個人の意見を持ち寄って，グループでの話し合いになった。

C「では，まずキャベツから聞いていいですか？　Aを選んだ人いますか？」

C「はい。私はAです。とても新鮮だったので，いくらいためて食べるとしてもやはり野菜は新鮮なものがいいと思います。」

C「ぼくは，Bを選びました。そんなに大きいのを買っても絶対あまらせてしまうから，この小さいのにします。全部食べ切る分だけ買います。」

　なかなか一つの意見にはまとまらないが，いろいろな意見が聞けて，互いの意見も聞き合って，話し合うことができたので，子どもの満足度は高い授業になった。

　「先生，今度はまた違うもので，買い物シミュレーションやってみたい！」

　実際には買い物に行けなくとも，このように臨場感のある設定で学習することは，大変

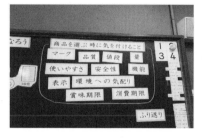

効果的な学習であることがわかった。

　このような授業実践のおかげで，私たちの研究会活動は，消費者総合センターと連携して毎年，教材開発を行っていくこととなった。新学習指導要領でも，消費と環境の内容については，各自治体の消費者総合センター等の関係諸機関と連携していくことが望ましいとされている。

　下は，全市の小学校5年生全児童に配布した買い物学習リーフレットと全校配布した買い物シミュレーションキットである。いずれも現在は，本市の教育委員会総合ポータルサイトからダウンロードして，全市教員が利用できるようになっている。

買い物学習リーフレット
〔作成〕　京都市消費生活総合センター・京都市教育委員会・京都市小学校家庭科教育研究会

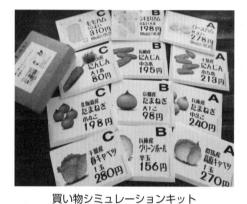

買い物シミュレーションキット
〔作成〕　京都市消費生活総合センター・京都市教育委員会・京都市小学校家庭科教育研究会

🔍 **実践のポイント**

- 社会に開かれた教育課程の中で，消費と環境の学習は，持続可能な社会の実現につながっていく。買い物の実習は，環境が整わないとなかなか難しいが，シミュレーション活動を取り入れることによって，学習は活性化し，意欲が向上するとともに深い学びに向かうことができる。
- 消費者総合センターとの連携により，正しい専門的な情報を得ることができるとともに，今後の消費者教育に有効な教材を開発することもできる。

エコ・クッキングを考えよう

題材名 第6学年「まかせてね　今日の食事」

本実践の特徴

　家庭科を学習してきて，繰り返し，様々な調理の仕方を知り，調理の計画を立てて実習を行ってきた。この題材は，小学校での学習の仕上げとして1食分の食事の献立を立てて，おかず作りの実習をする。これまでは，安全で衛生的に調理を行うことをまず最優先し，基本の調理の方法を身につけてきた。ここでは，さらに，エコ（環境）の視点を入れて，調理実習の計画を立てて実践していく。

1　題材のねらい

　主に健康・快適・安全の視点に加えて持続可能な社会の構築の視点による見方・考え方を働かせて，1食分の食事に必要なことや楽しい食事にするための工夫について理解し，栄養のバランスのよい献立を立て，環境にも配慮しながら調理することができる。

2　指導計画（全7時間）

第1次　1食分の食事に必要なことを考えよう……………………………1時間
第2次　家族のために1食分の献立を立てておかずの調理をしよう…5時間
　　　　・献立の立て方について考えよう
　　　　・おかず作りの計画を立てよう
　　　　・おかず作りの調理をしよう
　　　　・エコの観点で実習を振り返ろう……………………………**本時**（5/5）
第3次　楽しく食事をするために工夫しよう……………………………1時間

3　評価について

　献立を構成する要素と1食分の献立作成の方法を知り，おかず作りの計画と調理の活動を通して，1食分の献立について栄養のバランスや調理の手順を考え，工夫している。
　主体的に，自分の家庭における食生活に生かして，実践しようとしている。

4　指導の流れ（本時案）

（1）本時の目標

　取り組んだエコ・クッキングや友だちの実践を聞いて，生活場面で実際にできるエコについて考えることができる。

（2）展開

	学習活動	指導上の留意点
導入	1　本時の学習の見通しをもつ。 調理実習を振り返り，とっておきのエコを発表し合おう 2　おかず作りの調理実習を振り返る。	○計画に書き込んできた，エコの観点をグループで見直して，どれを発表するか決める。
展開	3　グループごとに，今回の実習で取り組んだ「とっておきのエコ」を発表し，意見を出し合って交流する。 ・グループで「わたしのとっておきの"エコ"」を発表する。 ・発表を聞いて質問や感想を言ってみよう。 ・実践した"エコ"を整理しよう。 4　作品を展示し，互いに鑑賞する。	○カードに発表内容をまとめておく。 ○互いの意見交流から，取組の視点を広げて日常生活の中で取り組める"エコ"を考える。 ○発表を聞きながら，同じ視点か違った視点かをワークシートに書き入れて話し合いに生かすようにする。 ○実践した"エコ"を「自分一人でできるエコ」「家族に働きかけてできるエコ」「社会で取り組むべきエコ」に整理しながら考える。
まとめ	5　学習を振り返り，今日から家庭で実践しようと思うことをワークシートに書く。	○自分で取り組む"エコ"を具体的に書く。交流を深めることで，考えを広げるとともに，実践意欲を高める。

（3）評価

　取り組んだエコ・クッキングや友だちの実践を聞いて，生活場面で実際にできるエコについて考えることができたか。

5　授業の様子

　前時には，子どもたちが計画にそったおかず作りの調理実習を終えることができた。今回の調理実習の計画を立てるときに共有した課題は，「いかにおいしく手順にそって作ることができたか」に加えて「環境にやさしいエコの観点での調理実習ができたか」という点だった。まさにそれ自体を今日の学習のめあてとしてスタートした。

T「それでは，みんなに今日は，自分たちのグループの調理実習でのエコの観点における工夫について発表してもらおうと思います。」

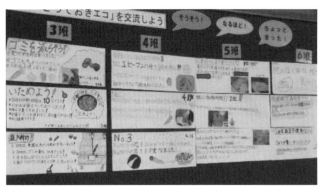 

C「うちの班は，旬の食材を使ったことと，地元産のものを使ったことです。」

C「地産地消っていうんだよね。」

C「わたしの班は，買い物に行くときにエコバッグを使いました。特売のを買いました。」

C「それは買い物の段階でしょ。調理の時に気をつけたことまだあるよ。」

C「うちの班は，ガスを節約するためにお鍋の大きさを考えました。手早く調理して無駄に火を使わないようにしました。」

C「それはいいな。そこまで気がつかなかった。今度はそうしよう。」

C「うちは，とにかく残菜を出さないこと，作りすぎないことを心がけました。」

C「それに食器をたくさん使うと洗うときに水をたくさん使いすぎるので食器の数をへらしました。」

T「みんな，いろいろ考えていたんですね。次に，取り入れてみたいというものはありましたか？」

C「あった，あった。食器の数かあ。大きいお皿に盛り付けて取り皿用意するのもあるよね。」

C「今回はお皿洗うときに油が気になった。」

C「油をなるべく使わないっていうのも大事だね。」

C「この前教えてもらったけど，和食はすごくエコなんだって。あまり油使わない

　から。」

C「そうか調理法とか味つけを考えるときも，関係するんだね。」

C「油を使ったときは，新聞でふき取ってから洗うと，洗剤も少なくてすむよ。」

C「汚れたお皿は重ねないようにすると，無駄に洗うところが少なくなるよ。」

T「では，みんなの意見をまとめてみると，計画を立てる段階から買い物，調理，盛り付け，後片付けという風に，いろいろな場面で“エコ”を考えることができることがわかったということですね。」

T「では，今のように実際のみんなの日常生活では，食事だけでなく，いろいろな場面で，“エコ”ができそうですね。一人で取り組むエコ，家族で取り組むエコ，社会で取り組むエコで考えてみましょう。」

エコクッキングを考える

5年生で学習したことを生かして

1　計画をたてるとき
2　買い物するとき
3　調理するとき
4　盛り付けや食事するとき
5　後片付けするとき

C「自分でできる“エコ”は，水をだしっぱなしにしない。食べ残しをしない，というようなことならできると思います。」

C「家族にも教えてあげたい“エコ”があります。今回調理実習でわかったような“エコ”の工夫は，家族みんなで知っておきたいです。」

C「家族で，“エコ”のことについて話し合ってみてもいいなと思いました。私が考えた究極の“エコ”は家族みんなでそろってごはんを食べることです。レンジやお鍋で温め直す必要もないし，食べ残しもなくなると思います。」

今日からできるエコ

- 食べ残しをしない
- 残菜を少なくする
- 油は少なめにする
- むだな買い物はしない
- 水の出しっぱなしはやめる
- 電気を消す
- 袋を持って買い物に行く
- 地元の食材を買う

　子どもたちは，見事に環境に配慮した生活から，家族の団らんへと気づきを導いていった。

🔍 **実践のポイント**

- 環境に配慮した生活といっても，小学生には抽象的で理解しにくい。具体的な体験的な活動を通して，工夫できることがわかると，学習への意欲もわいてくる。
- 環境に配慮した生活を考えることは，家族みんなで丁寧に暮らすこと，理解し合うこと，協力して暮らすことにもつながることに気づいていけるとよい。

Lesson 9
学校の独自性を生かして教材を開発しよう
―― 子どもと一緒に目の前の宝物を生活に生かそう ――

■ 自分の学校のことをよく知ろう

（1）学校の立地条件や地域性

　家庭科は子どもの現在の家庭生活に根差したものを取り上げて題材にすることが望ましいです。そのために，地域の特性や産物を使ったり，市場や買い物に行く場所など土地の立地条件に合った学習を設定します。

　たとえば，市場や商店街がある地域なら，実際に店に行って買い物をする経験もできます。大型スーパーやコンビニエンスストアしかない町なら，そういった場所での買い物の仕方を考えたり，そこで手に入るもので計画を立てる必要があります。しかし，いくら便利な町から離れていても，地域にある畑や農場でとれるものが手に入りやすいのであれば，それを使ってできるものを考えてみましょう。地域に長く住まう人々に尋ねてみると，同じ材料でもおいしい食べ方やめずらしい使い方を教えてくれたりするものです。

（2）学校の規模

　学校の特色は，立地条件や地域性のほかにも，学校の規模によってもちがいます。

　小規模の学校は，子どもたち一人ひとりのことを先生たちがよく知っていて目が行き届きやすい環境にあります。子どもたち同士も家庭も含めてつながりが深く，フットワークがよいため新しい取組にも着手しやすい強味があります。少人数で，学校の外に出かけて体験したり，地域の方たちともより親密にかかわってもらったり，交流して何かできることはないかを考えやすいのではないでしょうか。

　一方，大規模の学校は，学年全体では大掛かりで身動きしにくいこともありますが，子どもの数が多い分だけ多様な考えに触れ，刺激し合えるよさがあります。学級同士の取組を発表し合ったり，成果物を展示したりすることで子どもたちの発信力も高まります。また，複数の学級で授業を並行して行うことで，授業改善を行ったり，評価規準の質的な検証を深めることもできます。

　教師はどんな学校に行ってもその学校の強味を生かし，子どもに最善の教育環境を与えていくことが使命といえます。その学校でしかできない，特色ある取組をぜひ見つけてほしいと思います。子どもたちは，それぞれ小学校の家庭科の時間に経験したことを誇りに思いながら成長していきます。子どもと一緒に目の前の宝物を見つけ，それを最大限に生

かす授業づくりをしてみましょう。

（3）保護者や地域の教育力

　立地条件や地域性にもかかわりますが，学校と保護者や地域との関係性もまた学校の特色につながっています。どんな教育活動にも協力的な保護者であれば，家庭での実践にも協力してくださるでしょうし，家庭科の授業を参観日にすることで協力を呼びかけることもできるでしょう。また，これから協力するための体制をつくっていきたい場合には，学級通信や家庭科通信を通して，学校でどのような考えで授業をしているのか，どのようなことを家庭に協力してほしいと考えているのか，どのように一緒に子どもたちを見守ってほしいのか，その思いをしっかり届けることです。そして，子どもたちが家庭に帰って，「今日，こんなことを学校で教えてもらった！」と嬉しそうに話してくれるような授業をするのが一番効果的な方法です。子どもたちが家庭の中で活躍してくれるようになると，「こんなこともできるようになったのか」「また任せてみようかな」と保護者の考え方も変わってくるにちがいありません。

　地域の方は，自分たちから学校にああしようこうしようとはしてこられません。自分たちから出すぎたことをしては迷惑になると思っておられるのかもしれません。しかし，その力を貸してほしいときには，思い切って頼んでみると気持ちよく引き受けてくださることも多いのです。「何か役に立ちたい」と思っておられる地域の方もたくさんおられます。そのような情報は管理職や教務主任の先生がよく知っているでしょうから相談にのってもらうとよいでしょう。

　このような地道な取組によって，子どもや家庭に変化が見えてきたときには，校内の教職員とぜひとも共有してください。このような姿が学校全体の財産となって継承されていくことが大切です。

（4）子どもの実態

　地域の特性や規模によって，あるいは家庭の背景によって，子どもたちの実態は様々です。ちがって当たり前です。都心部の子どもたちは，あふれかえる情報の中で生活をしています。農村部の子どもたちは，自然豊かな環境の中で生活し，他の地域の様子などを知らないまま育っていることが多いでしょう。生活経験や価値観が多様な中で，子どもたちのモノ・コト・人との出会い方は様々です。将来の生活の様子や進路もまたどのような展開をしていくのかわかりません。

　しかし，普遍的に目指す方向や育てたい姿に変わりはありません。とすれば，現状をしっかり把握し，目指す姿にてらして何が育っており，どこに課題があるのかを見極めていくことが重要です。それを実現するために，目の前の宝物はどのような役目を果たすのか，ストーリーを描くことです。はじめに目の前の子どもありきで，何と出会わせ，何を

感じさせ，何を学ばせるか，誰の力を借りるかといった学校や学級独自のストーリー性を大切にして指導計画や題材構成を図ってほしいと思います。

❷　自校の強みを生かす

　どんな学校にもどんな学級にも必ずよさがあります。それでは，自校の強みを分析してみましょう。できないことやないことに目を向けるのではなく，置かれている環境や目の前の子どもたちのよさを見つけて，それを強みにどんな教材開発ができるか，どんな授業展開ができるか考えてみましょう。

○学校の立地条件
• 交通の便がよく商業施設が充実している
• 団地が多く，よく似た住宅環境で生活している
• 自然が豊かで，畑で特産の野菜などが収穫されている
• いろいろな工場などが多く，多くの働く人たちの姿を見ている

○取り巻く環境
• 伝統文化や伝統芸能などに触れる機会が多い
• 若い世代が多く，これからのまちづくりをすすめようとしている
• 過疎化がすすみ，町おこしがさかんに行われている
• 自然環境に恵まれて教材が豊富にある
• 地域がしっかりしていて学校を支えてくれる
• 保護者は協力的である
• 有識者や団体が支援してくれる環境がある

○教職員集団
• ベテランの教職員が多く，豊かな教職経験をもっている
• 若手教職員が多く，やる気とエネルギーに満ち溢れている
• 研究体制がしっかりしており，学校組織で子どもが育っている
• 教職員の個性が認められ，新しい発想による教育の取組が生まれやすい

○子どもの実態
• 子どもらしく素朴で，どんなことにも興味を示す
• 学力は高く，知的好奇心がある
• たくましく，生活経験も豊かで自立している
• 言語能力が高く，意見が活発に交流できる
• 時間はかかっても，じっくり最後まで取り組める
• やさしさと思いやりがあり，誰とでも仲良く活動できる

❸　教材開発の可能性

　全国の小学校で地域の教育資源を生かした学校独自の実践が見られます。どのような例があるか見てみましょう。子どもたちの学びを生かすどのような場面があるかが一つのヒントです。

「ありがとうの気持ちをあらわそう」

　　①おにぎりパーティーの計画

　　②家族や地域の人への手紙・招待状づくり（国語・図工）

　　③地域の野菜を使ったおかずとおにぎりパーティー（総合的な学習の時間）

「手作りみそを使ってオリジナルみそ汁を作ろう」

　　①作った大豆でゲストティーチャーにみそ作りを教えてもらう（総合的な学習）

　　②みそ汁作りの計画

　　③おいしいみそ汁を作って味わおう〜ゲストを招いて〜

「中学校に行ったら自分でおべんとうを作ろう」

　　①中学生と中学校生活について語り合おう（学級活動）

　　②栄養のバランスのとれたお弁当について（学級活動：食に関する指導）

　　③お弁当作りの計画をたてよう

　　④お弁当を作ってみんなで食べよう

「オリジナルぞうきんでぴかぴか大作戦」

　　①ミシン縫いについての学習

　　②オリジナルぞうきんを作る

　　③全校のクラスにプレゼントして，大清掃に使ってもらう（特別活動：児童会活動）

授業にかかわっていただいた地域の人の声を聞いてみよう

　いつも，この季節になったら，この地域でとれる野菜や果物などがあります。もったいないなと思っていました。こうやって，子どもたちと地元の材料でお料理を作って，一緒に会食ができるなんて思ってもみませんでした。

　毎年，この季節にはこの学習ができるといいなと思います。みんななかよく，作業を分担して，はじめての包丁も上手に使って作ってくれました。

あなたへの問い

　地域の資源を有効に扱った教育実践を探してみましょう。（伝統行事，郷土料理，伝統野菜，伝統工芸など……）

校庭の夏みかんでマーマレードを作ろう

題材名　第5学年「家庭の仕事を見つけよう」

本実践の特徴

　家庭科の学習が始まって，はじめての調理実習を家族との団らんと結びつけた題材である。すぐ身近で手に入るものを材料にして，手を加えることで，暮らしが豊かになる経験を味わわせたいと考えた。毎年，校庭でたわわに実る夏みかんをマーマレードにして，クラッカーと紅茶を用意して，団らんの時間を準備する。マーマレード作りは，作り方もシンプルで，はじめての調理実習で一人ひとりに確実に技能を獲得させる意味でも適切な教材であるといえる。

1　題材のねらい

　主に協力・協働の視点による見方・考え方を働かせて，家庭生活を見つめ，家族の一員として自分にできる仕事を見つけ，家族と家庭生活の大切さに気づくとともに，家族と協力しようとする。

2　指導計画（全4時間）

第1次　家庭生活と家族を見つめよう…………………………………………1時間
第2次　団らんのための仕事から始めよう…………………………………2時間　**本時 (1/2)**
　　　　〜校庭の夏みかんでマーマレードを作ろう〜
第3次　家庭生活を工夫しよう………………………………………………1時間

3　評価について

• 家族との触れ合いや団らんの大切さについて理解し，マーマレード作りやお茶をいれる活動を通して家族とのよりよいかかわりについて考え工夫している。
• 主体的に自分の家庭生活に生かして実践しようとしている。

4　指導の流れ（本時案）

（1）本時の目標

　調理の仕方を理解し，夏みかんを使ってマーマレードを作ることができる。

（2）展開

	学習活動	指導上の留意点
導入	1　本時の学習の見通しをもつ。 校庭の夏みかんを使ってマーマレードを作ろう 2　作り方の手順を確かめる。	○はじめての調理なので，家庭科室や用具の使い方の確認をする。
展開	3　マーマレード作りをする。 ・夏みかんをグループの人数分に切り分ける。 ・自分の分を手で皮をむく。 ・包丁で皮を細切りにする。 ・夏みかんの実をむく。 ・ホーローの鍋で，夏みかんの皮と実をグラニュー糖を加えて弱火で煮詰まるまで煮る。 ・煮詰まったマーマレードを器に入れる。 4　会食の準備をする。 ・紅茶を入れる。 ・クラッカーを皿に並べる。 5　グループの人と一緒に会食を楽しむ。	○一人ひとりが確実に包丁を持って，切る作業ができるように配慮する。 ○包丁で皮をきる人と実をむく人に分かれて交代する。 ○ホーロー鍋を使うとペクチンが作用しやすくジャムのようになりやすい。 ○地域の人と一緒に作業したり，招いて会食するのもよい。
まとめ	7　学習を振り返る。	○はじめての調理実習でうまくいったことや次回がんばりたいことなどを明らかにして今後に生かす。

（3）評価

　調理の仕方を理解し，夏みかんを使ってマーマレードを作ることができたか。

5 活動の様子

　子どもたちが，日頃から，いつも目にしている校庭の夏みかん。「大きくなってきたなあ。」「あの夏みかんはいつも誰がとって食べるの？」「一度食べてみたいよね。」そう言いながら，大きくたわわに実っているのを見守っているといつの間にか，鳥につつかれて下に落ちていたりする。「あーあ。もったいないことしたよねえ。」「みんなで食べておけばよかったね。美味しそうだったのになあ。」こんなやりとりを，毎年繰り返していたので，みんなでこの夏みかんを美味しく食べる方法はないか，地域の人にも相談してみた。

　「先生，それなら，マーマレードにすればいいのに。レシピ持ってくるから，子どもたちに作らせてあげようよ。」こんな素敵な提案をしてくださった。その翌日，「ほら，先生私一度作ってみたよ。絶対子どもたちにだって作れるって。手伝うよ，私たちも。」こんな心強い言葉も添えてきてくださった。こうやって，マーマレード作りは始まった。

T「今日は，みんながいつも食べたいなと言っていた校庭の夏みかんを使ってマーマレードを作ります。地域の方も応援に一緒に作るのを手伝いに来てくださいました！」

C「やった！　でもうまく作れるか心配……」

　包丁を持つのもはじめての子どももいるのだから，心配は当たり前。でも一人ひとりの子どもがちゃんと一人でも作れるように，作業の分量と割り振りを考えておいた。（作る手順は，6　資料　を参照）。

C「どれくらいの細さに切ったらいいの？」

T（地域の人）「これくらいかな？　でもみんなで話し合ってそろえておいた方がいいよ。」

C「え？　どうして」

T（地域の人）「だって，早く煮えるのとか，煮えにくいのとかあったら美味しくないよ。」

C「あ，そうか。だから大きさそろえとくのね。じゃあ，実をむくのも考えようよ。」

C「そうやね，これくらいでいいか。みんなこれくらいやし，見ておいてね。」

C「ほんとに，これだけで，マーマレードになるの？　こんな簡単にできるものなの？」

T（地域の人）「じゃあ，マーマレードになっていく様子，みんなで見とこうか。」

C「鍋の底にくっつかないように，しゃもじでかきまぜようよ。」

C「うわあ，本当や。皮のところが透明になってきた。なんか，いい匂いしてきた。

C「甘い匂いと，夏みかんの匂い。自分の学校の夏みかんでこんなんが作れるって最高！」

　そうこうしているうちに，鍋の夏みかんは美味しく煮えて，マーマレードに姿を変えた。

C「夏みかん1個で，こんなに作れるの？　しかもゴミはなしだし，すごいなあ。」

T「では今から，クラッカーと紅茶の用意をします。いっしょに作ったグループの友だちや地域の人といっしょにティータイムしながら，振り返りをしたいと思います。」

C「おいしいね。自分たちの学校の夏みかんでこんなおやつが作れるなんて，思ってもみなかった。家でも作ってみたいなあ。ビンに入れて冷蔵庫に入れて毎日食べれるからいいよね。」

C「うわあ，おばあちゃんにもプレゼントしたくなった。きっとびっくりすると思うな。」

　こうして，子どもたちは，自分の学校で収穫できた夏みかんで，マーマレードが作れた喜びと，「自分の家で作るなら」，「家族にも作ってあげたい」という素直な感想をもつことができた。そしてこの教材は，毎年，春になると5年生の家庭科の時間で取り上げられ，何年も受け継がれることになった。教師は異動して，他の学校に移ったが，地域の方からは，「今もマーマレード作りは続いていますよ。子どもたちと一緒に作るのが毎年楽しみです」と大きな夏みかんの絵手紙を添えて送ってきてくださった。

6　資料

〈マーマレードの作り方〉

①人数分に，夏みかんを切り分ける（一切れは確実に個人で作業する分にする）。

②切り分けた夏みかんを皮と実に分ける。

③皮の部分は包丁で細く切る。

④実は薄い皮をむいて鍋に入れていく（包丁で皮を切る人と実をむく人に分かれると作業がスムーズになり，ほぼ同じ時間で交代できる）。

⑤細く切った皮も鍋に入れる。

⑥砂糖と少々の水を入れる。

⑦コンロの火をつけて加熱する。しばらくすると皮や実の水分が出て，砂糖が溶けだすので，中火にして煮詰める。ジャムのように煮詰まってきたら火をとめて，冷ます。

🔍 実践のポイント

・はじめての実習なので，作業がシンプルで平等に一人ひとりの活動量があることや，安全面での配慮も考えておく。

・学校独自の貴重な材料は，地域の人とのコミュニケーションから見つかることも多い。地域の人と一緒に作ったり，会食したりするのも楽しい。

Lesson 10
学校組織で授業をつくろう
── みんなを巻き込んだ授業で子どもも教師も生き生きと ──

1 なぜ学校組織で授業をつくるのか

　教室で家庭科の授業をするのは，担任の先生もしくは専科教員の先生です。子どもたちのことを一番よく知っているのは担任の先生です。専科教員の先生は，教材研究などをしていて専門性が高いので，授業の準備や点検もしっかりできます。それぞれのよさがあります。しかし，担任と他の教職員や専科教員との連携なしには，すぐれた教育課程もよい授業もつくれません。家庭科に限らず，ここでは学校組織で授業をつくることの意味を考えてみましょう。

（1）管理職の役割
①校長
　校長は，学校の教育課程の責任者です。子どもや地域の実態をふまえて，学校が目指すべき方向を示す学校教育目標の設定をします。一年間の教育活動をどのような教職員でどのような計画ですすめていくかマネジメントをしていかなくてはなりません。どの教科もおろそかにするわけにはいきませんし，各教科で育った力は互いに相乗効果が生まれるように課題も成果も教職員で共有し，毎年成果を積み重ねて，学校の財産を守り育てていかなくてはなりません。

　子どもの様子はもちろん，保護者や地域の考えをいち早く正確にとらえ，どのような力をつけるためにどのような取組を進めるべきか，学校のグランド・デザインをつくるのは校長の役割です。重点化と組織化を図り，人事や予算のこと，地域とのかかわりのバランスをとっていくのも校長の役割です。校長は，子どもだけでなく，教職員を育てていくことも視野に入れています。日々の授業づくりで，子どもも教職員も生き生きと育っていく姿を求めています。そのためには，子どもの話や授業の話，地域や家庭の話，新しい未来を展望しての教育の話などを教職員と語り合い，毎日の教室で繰り広げられているドラマは見逃さず，指導と助言を与えていかなくてはなりません。
②教頭
　担任が困ったときに一番頼りになり相談に乗ってもらえるのは教頭です。学校のことは何でもよく知っているからです。今担任している子どもが低学年のころはどんな子どもだったのか，どんな背景を抱えているのか，地域にどんな人材がおられるのか，他の学年

がどんな取組をしているのか，困ったときに誰に相談にいけばよいのかなどについて，直接聞く場合もあれば，つなぎ役をする場合もあります。担任が困っているということは，そこに困っている子どもがいるということですから，必ず何等かの形で支援する必要があります。教頭は，施設や備品のことも，管理者として，放っておいてはいけません。不備がないか，不足がないか，自分の目で点検したり，修理にだしたりして学習の前に整えておけるように担任や教科主任に促します。

　担任よりも指導の経験もあるのですから，より楽しい学習にするためにヒントを与えたり，どこにつまずきがあるのか一緒に考えたりしましょう。結果的には，子どものためになるのですから，遠慮することはありません。積極的にかかわって，主体性が見えてきたら，支える側に回って見届ける姿勢が大切です。

（2）教職員集団の役割
①教務主任
　教務主任は教育課程の番人です。週案にある指導計画に無理がないか，進度に遅れがないか，適切な指導がなされた授業になっているかをいつも気にかけておかなくてはなりません。実際の教室での授業を見て，子どもの目線でわかりやすい授業になっているか困っている子どもがいないかなどを見て回るようにしたいものです。

　ときには，調理実習やミシン指導では複数の目で安全に学習できる環境になっているか点検したり，支援に入ったりすることも考えられます。担任の先生にとっては，教務主任の先生はとても心強い存在です。小さい規模の学校では同学年の先生もいないので，授業の準備や後始末も大変です。一緒に準備しながら，子どもたちの学習に立ち会い，うまくできたときにはともに喜び，うまくできなかったときには寄り添いできるまで付き合って，できたら褒めたりするフォローの役割も果たしてほしいと思います。

②学年団
　同じ学年に複数の学級がある場合には，同じ学年の先生と一緒に授業づくりをするのはとても楽しいことです。学級によって子どもの実態がちがったり，先生の個性がちがったりすることもあります。お互いに考えを尊重し合い，自分の学級の子どもたちに一番合った指導が何かを見極めるようにしましょう。自分一人では気づかなかったアイデアや，落とし穴が見つかったりするものです。少し時期をずらして授業が展開される場合には，先に実施した学級の子どもたちの反応や，見通せていなかった点などを教えてもらうようにします。次のクラスではそれを改善して，授業を行います。また年度が変わっても，翌年の学年団が参考にできるように，資料やワークシートなどを残して申し送りできるようにしておきましょう。必ず学校組織の財産となっていきます。

③養護教諭・栄養教諭
　担任の先生だけでは教えられないような専門的な知識を用いることで子どもたちがより

興味をもち，追究し，深く学んでいくことがあります。知りたいと思ったことに的確に答えてくれる専門性の高い教職員とも連携しましょう。

　まず，養護教諭です。とくに子どもたちの身体や健康のことについては詳しい知識をもっているので，題材によってはチームティーチングで一緒に授業をしてもらうことがあります。たとえば，朝食の役割や，栄養のバランスが悪いと身体にどのような影響があるかなどの話を養護教諭からすると，子どもたちにはより説得力が生まれます。

　また，栄養の話や食品の成分については栄養教諭にも協力してもらいます。食材の話や調理法の話など，学校給食の話も関連させながら，チームティーチングで指導にあたります。子どもの個別の食の実態についても詳しいので，栄養教諭の協力により実践的で安全な食に関する指導を可能にすることができます。調理実習のアレルギー対応については管理職も交えて，必ず保護者と栄養教諭と担任で連携して共通理解しておくことが必要です。

❷　外部の人材活用

（1）家庭との連携

　自分の生活を見つめ課題をとらえることや，学んだことを実際に自分の生活に生かしていくことを重視する家庭科の学習では，家庭との連携は欠かせません。2年間の家庭科の学習でどのような内容をどのように学習するのかを家庭に伝える機会はあるようでなかなかありません。できれば，ガイダンスの授業を参観してもらったり，学級懇談会の話題などにしたりしながら，理解してもらい協力してもらえる体制を作っておきたいものです。子どもは大好きな家庭科でできるようになったことを，一番大切な家族に知ってほしいと思っているからです。家族のために何かを作る，家族のために考える，家族の役に立つ，そんな学習がうれしくてたまらないのです。そして，家族にしてもらっていた立場から，今度はわたしがしてあげるからと言えるようになりたいと思っているのです。そんな成長を一緒に見守ってほしいという教師の願いをぜひとも家庭に伝えておいてほしいと思います。

　子どもにとっての一番の応援団である家庭をうまく巻き込んで協力してもらえるようにしましょう。

（2）校種間の連携

　子どもたちが進学する中学校の家庭科の先生に，小学校の授業を見てもらう機会はありそうでなかなかありません。しかし，どんなことを小学校で学習して中学校にあがってくるのか，中学校の先生は知りたくてたまりません。「小学校ではどんな学習をしてきたの？」と子どもたちに質問しているはずです。できれば，中学校の先生に小学校ではどんな授業を通してどんな体験をしているのか，どの程度どんなことを習得・熟達しているの

か，知っておいてもらったり，授業を計画するときに相談にのってもらったりすることも有効です。また小学校と中学校が近くにある場合には，用具を貸し借りしたり，同じゲストティーチャーにかかわってもらったりすることも有効です。小学校で使った教具を発展させて，中学校で使ってもらうことも効果的です。

（3）地域や外部機関との連携

　校区や近隣には，いろいろな専門家がいます。直接，授業にかかわってもらう場合もありますが，教材研究や教材開発の段階で連携を図り，充実した指導計画や授業づくりができるとよいと思います。大学の専門の先生の助言や，消費生活関係であれば消費生活総合センター，住居関係であれば住宅政策局や都市計画局やNPO法人関係の方，食生活関係であれば青果市場や農業協同組合，保健福祉局の食育関係や栄養士会など，環境関係であれば，環境局やごみ減量推進課や地球温暖化防止についての専門家などが考えられます。それぞれの地域で活躍している方たちは，次世代の子どもたちの教育には非常に熱心に協力する姿勢をもっておられます。それは教育がもつ力がいかに大きいかを皆さんが知っておられるからだと思っています。

先生の声を聞いてみよう

　授業をつくるときに，校内の誰かと一緒につくるととても心強く感じます。自分とはまたちがった子どもの様子や，教材のとらえ方があることにも気づきました。

　いろいろな先生が協力して授業をつくると，子どもたちにも伝わるのでしょうか。とても嬉しそうに張り切って学習に参加してくれるように思います。また，校内で協力してつくった授業は財産となって共有されるので，毎年繰り返すことでバージョンアップしていくのです。

あなたへの問い

　あなたなら，校内のどんな先生と一緒に授業を考えてみたいですか？

■ 実践⑮

買い物名人になろう〜歯ブラシを買いに行こう〜

題材名 第5学年「買い物名人になろう」

本実践の特徴

　買い物の学習の題材では，身近な文房具やおやつあるいは調理実習の材料などを取り上げることが多い。この実践は，保健指導「歯を大切にしよう」とかかわらせて，養護教諭との連携で，自分の「歯ブラシ」を買うことを通して実生活に生かすことができた授業実践である。歯ブラシの役割や自分に合った歯ブラシの選び方などは，養護教諭の専門的な指導により保健指導の時間に行い，実際に自分の歯ブラシを買う場面は，家庭科の学習として取り上げた。

1　題材のねらい

　主に持続可能な社会の構築の視点による見方・考え方を働かせて，物やお金を大切にして，かしこい買い物ができるようになろう。

2　指導計画（全6時間）

第1次　お金の使い方をみつめよう……………………1時間

第2次　買い物名人になろう…………………………4時間　日常の指導
　　　　・必要性を考えよう
　　　　・買い物の計画を立てよう　　　　　⟵　学活「歯ブラシの選び方」（保健指導）
　　　　・買い物体験をしよう
　　　　・買い方を振り返ろう…………………………**本時（4/4）**

第3次　買い物名人として生活しよう………………1時間

3　評価について

　買い物の仕組みや消費者の役割，物や金銭の大切さ，計画的な物や金銭の使い方，身近な物の選び方，買い方を理解し，購入するための情報収集や整理が適切にできている。

　主体的に身近な物の選び方，買い方を考え工夫し，実生活に生かそうとしている。

4　指導の流れ（本時案）

（1）本時の目標

　自分に合った歯ブラシの買い物を振り返ることで，買い物をするときに大切なことがわかる。

（2）展開

		学習活動	指導上の留意点
導入	1	本時の学習の見通しをもつ。	
		自分の買った歯ブラシをもとに，よりよい買い物の仕方について考えよう	
	2	買ってきた歯ブラシについて記録する。	○自分の買った歯ブラシを選んだ理由や根拠をノートに書く。
展開	3	選んだ理由をグループで話し合う。	○自分が選んだ理由と比べながら聞く。 ○選んだ根拠を示しながら理由を話す。 ○選んだポイントを付箋に書いて共通点を見つける。
	4	グループでの話し合いを全体で共有する。	○グループごとに話し合ったことを発表する。
	5	商品を選ぶときに大切な視点は何かについて話し合う。	○様々な意見をもとに，買い物をするときには，いろいろな視点があり，買うものによって，何を優先していくかを考えて買うことが大切なことに気づく。
まとめ	7	学習を振り返る。	○学習を振り返るとともに，日常の買い物でも生かすことができそうか声かけする。

（3）評価

　自分に合った歯ブラシの買い物を振り返ることで，買い物をするときに大切なことがわかる。

5　活動の様子

　まず，買い物の教材として，「歯ブラシ」を取り上げた理由についてふれておきたい。

- 全員にとって自分の生活に必要なものである。（買い替える機会が多く，生涯繰り返し実践ができる。）
- 商品が多様で，選択肢が多い。（品物を選ぶ観点がいくつかあるので考えやすい。）
- 子どもたちが買い求めやすい価格である。（家庭の協力を得て，実践化しやすい。）

　このような買い物の学習を構想する段階で，校内体制で保健指導と連携できないか，互いの指導の効果をあげる工夫ができないか考えてみることとした。

　家庭科の学習に並行して，学級活動（保健指導）の時間には，養護教諭から，自分の歯を大切にするためには，自分に合った歯ブラシを選ぶことが大切なことや，自分に合った歯ブラシの選び方を指導してもらった。そして，自分の現在使っている歯ブラシの点検から，新しい歯ブラシに買い替えるとしたら，どのように選べばよいのだろうという課題が生まれ，買い物の計画を立てることになった。

Ｃ「ぼくは，鉛筆持ちしやすいから細めのハンドルがいいと思うな。」

Ｃ「ぼくは，生えかけの奥歯にも届くようにもうちょっとネックが長いめのがいいな。」

Ｃ「私は，歯茎が弱っているからやわらかめのがいいって歯医者さんに言われてるの。」

Ｃ「大人用のヘッドは大きすぎるから学童期用のがいいかな。」

　こうして，買い物の計画を立てて，実際に学校の近くのドラッグストアに買い物に行った。

　子どもたちは，パッケージや実物の商品をよく見て，比較したり，より自分の探している条件にあったものがないか探したりして，慎重に品物を選んで決めている様子がうかがえた。

　「自分に合った歯ブラシが見つかってよかった」と満足そうにレジでお金を払う姿も見られた。

　そして，学校に戻ってきてから，買い物を振り返ることとした。自分の買いものの記録をし，なぜ，その品物を選んだのか，理由や根拠をメモした。

Ｔ「それでは，グループで自分が買った品物を見せ合って，意見を交流してみましょう。友だちが選んだ歯ブラシについても思ったことを交流してみましょう。」

Ｃ「ネックが長くて奥歯まで届きそうだし，歯垢がよくとれそうなのでこれにしました。予算に収まってよかった。」

Ｃ「毛のかたさはふつうでよかったの？　色も気にいった？」

Ｃ「なかなかすべてを満たすものを見つけるって難しい

よね。」

そして，全体での交流の時間になった。

子どもたちから出てきたポイントをあげてみると下の表のように整理された。

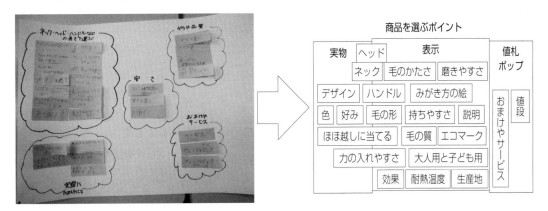

T「じゃあ，みんなが買い物をするときに，大切な視点ってどんなことがあるのだろう？」

C「歯ブラシでもこれだけあるんだから，いろいろな物によって，大切なポイントもちがってくるよね。」

C「たとえば，食べ物だったら，新鮮かどうかとか，何人分買うかによってもちがってくるものね。」

C「歯ブラシみたいに，パッケージにいろいろ書いてあると，参考になるよね。」

C「自分で自分のものを選んで買うのって，すごく楽しかったし，次はこういうことを考えて買おうって勉強になったな。」

C「よく考えたら，歯ブラシって家族全員使うんだから，みんな買い替えないといけないよね。家族の分も，一人ひとり希望を聞いて選んであげたいと思った。」

このように，歯ブラシを教材として取り上げることによって，自分に必要な生活用品の選び方や買い方を実践的に学ぶことができたことに加えて，自分や家族の日常の健康について目を向けることができた。このことは，家庭科の指導だけでは，達成できなかったことを校内体制で，養護教諭と連携し，校内のカリキュラムの保健指導を関連づけて題材構成することによって得られた成果だったのではないかと思う。

🔍 実践のポイント

- 日常の生活用品を教材として取り上げることで，子どもの関心意欲をもたせることができるとともに，自分で選んで買った経験が自信となり，実践化につながる。
- 校内体制で，他教科・領域にも目を向け，関連づけてカリキュラム・マネジメントすることにより，学習効果を高めることができる。養護教諭や栄養教諭などの専門的な指導を取り入れることでより充実した学習につながる。

わたしの朝食をワンランクアップ〜生活アンケートの結果から〜

題材名　第6学年「朝食から健康な一日を」

本実践の特徴

　朝食の欠食児童が増えてきている。各学校によって実態は様々である。とくに長期休業明けの生活点検によると，規則的な生活習慣も乱れがちである。「朝食を食べてきている」と回答していても，"何を食べているか"まで踏み込んで聞いてみないと，一概に食べているか，食べていないかの質問だけではわかりにくい。ここでは，養護教諭と連携して，実際に学校の生活アンケート調査をもとに，自分の朝食のとり方を見つめ直すことから課題を見つけて学習していくことにした。

1　題材のねらい

　主に健康・快適・安全の視点による見方・考え方を働かせて，毎日の朝食のとり方を見直し，栄養のバランスを考えて，朝食のおかず作りを通して，健康な生活について考える。

2　指導計画（全10時間）

第1次　毎日の朝食を振り返ろう………………………1時間　**本時**
第2次　いためて朝食のおかずを作ろう……………8時間
　　　　・栄養のバランスを考えよう
　　　　・調理の計画をたてよう
　　　　・いためる調理をしよう
　　　　・朝食の計画を見直そう
第3次　朝食から健康な生活を始めよう………………1時間

3　評価について

　食品の栄養的な特徴や料理や食品を組み合わせてとる必要があることを理解し，朝食作りの活動を通して材料に適したいため方を理解し，課題解決を通してよりよい健康な食生活を工夫している。

　主体的に自分の家庭生活に生かして実践しようとしている。

4　指導の流れ（本時案）

（1）本時の目標

　　自分の毎日の朝食のとり方を振り返り，課題を考えよう。

（2）展開

	学習活動	指導上の留意点
導入	1　本時の学習の見通しをもつ。 　　毎日の朝食のとり方を見つめよう 2　生活調べアンケートの結果を見る。	 ○養護教諭が学校全体と6年生の結果を見せる。
展開	3　アンケートから朝食の内容の結果を見て，話し合う。 4　それぞれの朝食の課題を見つけてどのように改善すればよいか話し合う。 5　グループで自分の朝食の課題について話し合う。 6　どのようにステップアップしていけばよいか全体で交流する。	○調査の結果をグラフにまとめ，子どもたちに解説をする。 ○自分に近い朝食を選ぶ。 ○品数が少ない朝食は，栄養のバランスがとれていないことに気づく。 ○自分の朝食はどれに近いか見つけるようにする。 ○同じグループの中で，自分の朝食の実態と改善点を伝え，他の人の朝食についてはアドバイスする。 ○グループで出た意見を一般化してまとめていく。 ○自分の朝食の課題をまとめる。
まとめ	7　学習を振り返る。	○学習を振り返るとともに，毎日の朝食を実際に改善できるように促す。

（3）評価

　　自分の毎日の朝食のとり方を振り返り，課題を考えることができたか。

5 指導の実際

　学校では長期の休業明けに，健康教育部が全校児童対象に生活点検アンケートを実施することが多い。しかし，その結果の子どもたちへのフィードバックについては，個々の問題を全体で取り上げる時間もなかなか見つけにくいのが実態である。

　ここでは，養護教諭との連携で，6年生の家庭科の学習「朝食から健康な一日を」の学習とリンクさせて，実際に自分の朝ごはんを改善する課題を解決する展開でこの題材を構成することとした。

　子どもたちに生活アンケートの結果を予想させてみた。

T「この学校の朝ごはんを食べてきている子どもの割合ってどれくらいだと思いますか？」

C「半分以上は食べてきていると思います。」

T「(全校の朝ごはん喫食割合のグラフを提示) なるほど，そうですね。ではこのみんなの学年はどうだと思う？」

C「全校よりは低いんじゃないの？」

T「(学年のデータを見せる)」

C「おお，わりといいんじゃないの？」とここまで，自分たちの生活習慣もあまり課題が感じられていない反応だった。

T「でも，何を食べてきましたか？っていうグラフみてもらおうかな？」

C「先生，ステップ1とか2とかどういう意味？」

　　ステップ1⇒1品（牛乳だけ，パンだけ，フルーツだけなど）

　　ステップ2⇒2品（パンと飲み物，ごはんとみそ汁，ヨーグルトとバナナなど）

　　ステップ3⇒3品（ごはんとおかずとみそ汁，パンと卵とサラダなど）

　　ステップ4⇒4品（ごはんとおかずとみそ汁とフルーツ，パンとミルクと卵とサラダなど）

C「えーっ。みんなそんな食べてきてる人いるの？」

朝ごはんを食べてきましたか？（全校）

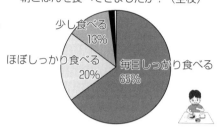

朝ごはんを食べてきましたか？（5年）

どんな朝ごはんを食べることが多いですか？

　子どもたちにとっては，自分の家の朝食が基準である。他者の生活の様子がわからない。しかし，ここでは個々の生活を明らかにすることが問題ではない。客観的に，朝ごはんとしてどのような内容の食事が必要なのか，朝食の役割について養護教諭が話をしてくれた。

T「朝食にはね，大切な役割がいくつかあります。

　　まず，食べると体温があがります。そうすると，脳や身体の目が覚めて，腸の働きも活
　発になるんですね。」

C「そしたら，勉強もがんばれるってこと？」

C「おなかが痛くなったりすることもなくなるってこと？」

C「あまり，考えてなかったけど，もう1品食べた方がいいのかな。」

T「みんなは，栄養素の勉強はもう習ったよね。一度ステップ1から順に栄養のバランス
　をみてみようかな。」

C「あんまりそんなこと考えてなかった。このままではだめやからせめてステップ3にす
　る。」

　　このように口ぐちに今の自分の朝食がステップ何で，どこを目指すかという話になって
いった。これでこの題材の課題づくりが整った。ここからは，「自分の朝食をデザインし
よう」というテーマでワンステップアップさせるためのおかず作りの計画が始まった。と
くにここでは，朝食にふさわしい短時間でできる調理として「いためる」調理を取り上げ
る。

　　このように，子どもたちに主体的に課題に向き合わせるために，学校の中の財産を生か
さない手はない。毎年繰り返し行う生活点検アンケートの結果や養護教諭の専門的な知識
が生かされ，保健部としても家庭科との連携により，子どもたちの健康保持増進の意識が
高まったと喜んでいた。また，家庭に発信することにより，家庭ぐるみの課題としてとら
えてくださる声も聞けて大変効果的な学習になったと思う。

🔍 実践のポイント 🎄🎄🎄🎄🎄🎄🎄🎄🎄🎄🎄🎄🎄🎄🎄🎄🎄🎄🎄🎄🎄🎄

- 子どもの毎日の健康な生活は、家庭科の時間だけで意識を変えるのは難しい。校内体制の連携
　とカリキュラム・マネジメントにより校内で効果的な内容の配列を考える。
- 家庭科の学習のよさは実践的に学習できることである。課題を解決するために自分の朝食作り
　を計画から実践まで実現できる学習は説得力がある。

カリキュラム・マネジメントで学びの可能性を広げよう
—— 他教科との関連を考えてみよう ——

1 カリキュラム・マネジメントとはどういうことか

（1）教育課程の構造

　カリキュラム・マネジメントとは，各学校が学校の教育目標をよりよく達成するために，組織としてカリキュラムを創り，動かし，変えていく，継続的かつ発展的な，課題解決の営みといえます。学校は，目標・指導・評価の一貫性を問いながら，チームとして自校の学校教育目標の実現に向けて，協働的・組織的に教育課程の実現と改善に取り組むことを繰り返し，日々目の前の子どもの学びに即したカリキュラム開発を行っています。

　各校の教育課程は，すべての学校教育活動の内容と配列を組み立て，より効果的に運用していくことが求められます。そして，各教科・領域で育てるべき資質・能力に加えて，各校の特色ある取組や教育資源を取り入れて，基礎基本をふまえつつ，各校の独自の色をつけていくことになるわけです。学校教育目標を実現するためには，さらに，各教科・領域で育てるべき資質・能力を総合的に開花させるとともに，より高次なものへと質的高まりを求めて，組み合わせたり，関連させたり，たえず，系統性と適時性を鑑みながら進捗管理していくことになります。

　小学校6年間の系統性はもちろんのこと，隣接する校種との連携や一貫も視野に入れておかなくてはなりません。家庭科は小学校では第5・6年だけで扱うこととなっています。第5学年で60時間，第6学年で55時間の計115時間で学習指導要領の内容を扱わなければなりません。しかし，学習者である子どもからは，第1学年から第4学年までの学習や5・6年で並行して学習する他教科・他領域においても，系統的に相互関連させながら，学びをつないで自己実現しようとしていく姿が見られます。カリキュラム・マネジメントを行うにあたって，子どもが見せる姿は，成果であり課題でもあります。すべての教科・領域またはあらゆる学校の教育活動において見られる子どもに培われた学力こそが教育課程の産物といえるのです。

（2）年間指導計画とのかかわり

　これからの時代に求められる資質・能力を育むためには，各教科・領域における学習の充実はもとより，教科・領域間や学年間の内容事項について，相互の関連づけや横断的な扱いを図る手立てや体制を整える必要があります。また学年を超えての教科・領域で育て

ている資質・能力のつながりをとらえた学習を進めていかなければなりません。

　必要な教育内容を組織的に配列し，必要な資源を投入する意図的な営みが重要です。たとえば，学校独自での年間指導計画（単元配列表）を作成し，それをもとに各教科・領域との関連や学年のつながりを可視化し，有効な単元や題材の構成を図ることができます。それを組織的に繰り返すことで，年度途中や年度末により魅力的な学習になるように改善を図っていくシステムをつくっていくことができるのです。

　教育課程は，学校運営全体の中核となるものです。そして，学校の強味を生かした特色ある学校独自の教育課程の構築こそが，成果を生み出し，学校の活性化につながっていくのです。年間指導計画を作成し，それをつねに共有し，活用し，改善を図る体制づくりがカリキュラム・マネジメントを進めるにあたって必要不可欠なものであるといえます。

　家庭科の年間指導計画をもとに，他教科・領域の学習内容や学習の時期を見てみましょう。子どもたちがどのような道筋で，いつどのような教科でどんなことを学んできているのかを知ることは，学習意欲・思考力・判断力・表現力・知識・技能等，子どもたちのもつ潜在的な資質・能力を最大限に引き出します。そして，より質の高い学習に高めることができるのです。

　小学校では，子どもは6年間学びます。いろいろな先生に出会い，いろいろな友だちといっしょに学びます。学校外のゲストティーチャーや，教育資源との出会いもあります。いろいろな体験を通して感じたことや思ったことが蓄積されていきます。教室で繰り広げられるドラマの連続の中で成長していきます。これらすべてが，カリキュラムであると言っても過言ではありません。

　今後は，これまで以上に質の高い学びが求められ，教科・領域を超えた学びも必要になってきます。教科を横断するクロスカリキュラムや学年を超えてつながる学習の積み重ねこそが生きた学力として働くようになっていくはずです。教壇に立つ教師は，このことを意識して，効果的に授業づくりに取り組んでほしいと思います。

　そのためにも，年間指導計画の作成と再考を繰り返してよりよい題材づくり・授業づくりを行い，指導の力量を高めていく必要があるのではないでしょうか。

❷　他教科・領域との関連

　家庭科の年間指導計画は第5・6学年を対象とし2年間で学習指導要領にある目標を踏まえて，内容を配列して作成をします（Lesson 1 参照）。この2年間の指導計画の中に，系統性や適時性を考えて題材を配列することも大切なことですが，さらに，他教科や他領域との関連や，前後の学年の学習とのつながりが見えてくると，配列に工夫が生まれてきます。

　そういった関連に配慮することにより，子どもの学びの質の向上はもとより，互いの教

科の学習に深まりが生まれ，見方・考え方に広がりがでてきます。学びの本質的な意味も，子ども自身が見出せるようになってきます。また，限られた時間数で授業がより効率的に成果をあげることも可能になってきます。

　これは，担任がほとんどの教科を指導することができる小学校特有のカリキュラム・マネジメントの技ともいえます。家庭科は，より実践的な活動を取り上げる教科ですから，家庭科の学習と関連させることは，より身近な問題としてとらえて，自分の生活に生かす学びになっていくことにつながります。

　たとえば，総合的な学習の時間で取り上げているテーマを追究していく中で，家庭科の題材と並行しながら，関連づけることによって，より深く理解できることも考えられます。あるいは，図工科の学習と関連づけて，作品を製作していく中で，作品交流をしたり，展示をしたり，作品交流に英語の表現を用いて，発表の場を工夫したりという実践も見受けられます。

　また，学級活動の食に関する指導と並行して，題材計画を膨らませたり，学校行事とかかわらせて実生活に生きる教材化に挑戦したりすることもできます。このような題材計画をもとにした指導計画をつくることにより，子どもたちの発想をより主体的なものにし，生活を創意工夫する思考力・判断力・表現力を伸ばすことが可能になるのです。

　実施する学年の年間指導計画を学年組織・学校体制で管理し，改善を加えながら新しい題材開発や教材開発を進めていくことが大切です。

❸　新たな教育資源を投入するチャンスを逃さない

　年度当初に立てた年間指導計画は，その通りに実行されることが前提ですが，年度の途中であっても，新たな教育資源を投入できる可能性のある要素が発生することがあります。そのようなときには，学校としてのメリットとデメリットを素早く分析して，柔軟に対応することでより充実した学習につながる場合もあります。地域の人や，関係機関の人たちとのつながりや校内での打ち合わせなど，"瓢箪から駒"のような話は降って湧いてくるものです。たんに思いつきで飛びつくのではなく，教材として成立しうるかどうかの吟味や，ねらいをふまえた学習指導としてふさわしい発展的な教材が生み出されるか，指導時期や前後の系統性，他教科との関連などの調整を図りながら，新教材を開発し，実行していきます。時機を逃すと，実践できにくくなってしまうこともあります。チャンスを逃さず，組織的に成果をあげることができたなら，継続して学校独自の教材として継承していくことも考えましょう。これもカリキュラム・マネジメントの妙技といえます。

　では，実際に，新たに発生した教材をどのようにコーディネートしていけばよいのか，カリキュラム・マネジメントの実際について，二つの事例を見てみましょう。

家庭科　年間指導計画と教科・領域関連表

	4月	5月	6月	7月	9月	10月	11月	12月	1月	2月	3月
第5学年	1 家庭科の学習をはじめよう	2 わが家にズームイン！	3 ひと針に心をこめて	4 おいしい楽しい調理の力	5 食べて元気！ご飯とみそ汁	6 めざそう買い物名人		7 物を生かして住みやすく	8 ミシンにトライ！手作りで楽しい生活	15 あなたは家庭や地域の宝物	
（他教科・領域等との関連）	なるほど課題づくり（国語・読解）	男女の協力生命のつながり（道徳科）	「What do you like?」（外国語活動）	わたしたちの生活と食糧生産（社会）	和食を大切にしよう（学活 食に関する指導）My lunch（外国語活動）	自分たちの町を守ろう（総合的な学習の時間）	菌を大切にしよう（保健指導）	大掃除（学校行事）		感謝の会をしよう（学活）	
第6学年	9 私の仕事と生活時間	10 朝食から健康な一日を	11 思いを形に生活に役立つ物		12 夏をすずしくさわやかに		13 まかせてね今日の食事	14 冬を明るくあたたかく			
（他教科・領域等との関連）	修学旅行（学校行事）物の燃え方（理科）	生活時間調べ（保健指導）	夏の健康に気を付けよう（学活）病気の予防（保健）	「食べ物の消化・吸収・排出」（理科）		秋の遠足（学校行事）	さぐろう日本文化の真髄（総合的な学習の時間）	冬の健康（学活）			

131

①学年を超えた食に関する指導と家庭科の教材の充実（T小学校の場合）

　"ごはんとみそ汁"の教材は，全国のどの学校でも扱われているはずです。

　「おいしいごはんを炊いてみたい」「おいしいみそ汁を作ってみたい」という子どもの思いも同じです。では，その学習にいかに深まりをもたせることができるのかを考えてみたいと思います。

　家庭科は第5学年から始まる教科ですが，子どもにとっては，ごはんとみそ汁は小さいころから毎日のように食し，原料である米や大豆もいろいろに形を変えて毎日のように子どもたちは目にしたり口にしたりしているのです。

　T小学校では2年生は生活科の学習で，田植えから稲刈，そして餅つきまでを体験することで，イネの育ち方を観察したり，育てるための工夫や苦労，収穫の喜び，ともに味わう楽しさを学習したりしています。育てた米はもち米ですが，いつもごはんとして食しているうるち米との違いが子どもにはわかっていませんでした。食に関する指導の時間を使って，もち米とうるち米の違いを見たり，味わったりしながら比べてみることにしました。一粒の米を「口に入れて噛んでいるうちに甘くなってきた」「どちらも形が似ているが，もち米は丸くて白っぽい」「どちらも少しへこんでいるところがある」など，じっくり米に向き合うことで発見したことがたくさんありました。家庭科の時間では，なかなかじっくり時間をとれないこともありましたが，2年生のときに，これだけしっかり観察したり，味わうことを経験したりしておくことはとても重要なことと思えました。

　次に3年生の国語の「すがたを変える大豆」という説明文を読む学習と並行した食に関する指導の時間に，"大豆の力"について学習することになりました。大豆はタンパク質を多く含む食品で大変栄養価が高いことでも知られています。ここでは，豆腐や湯葉，味噌，しょうゆなどの大豆の加工食品に加えて，豆苗もやし，枝豆のような大豆が姿を変えたものなどの実物を子どもの目の前に並べて，栄養のある食べ物がいろいろ形を変えることで食の世界が広がることを知りました。積極的に栄養のある大豆や大豆からできた食品を食べようという意欲にもつながりました。

　こうやって，1〜4年生の様々な体験を通して得た認識をもとに，家庭科の学習をつないでいくことで，様々な感覚を働かせて実感をともなって味わったり，高学年でしか理解できない日本の豊かな食文化のよさに気づいたりするなど深い学びに導くことができるのです。

②地域のよさを取り入れた家庭科の教材の充実（H小学校の場合）

　同じ"ごはんとみそ汁"の教材の扱いですが，校区には景観保全地域でもある田畑が多数残っている地域があります。日本全国どこの地域でも，その土地の米をその土地の水で炊くのがもっとも美味しいといわれています。

　「そうだ。ここの田んぼで穫れる米を炊いて実習しよう」と思って，米を譲ってもらえる農家を探しました。こちらの思いが伝われば，たくさんの応援団になってくださる地

域の方がおられることもわかりました。「そんなことでいいなら，何升いるか，言うたら持っていってあげるから。」それから，毎年，その農家で家庭科の実習で炊くお米はお世話になることになりました。「炊く直前に精米すると美味しいから。」と実習する日まで伝えさせてもらうことになりました。炊いたお米を食べると，子どもたちの目の色が変わりました。「ぼくたちの地域で穫れるお米ってこんなに美味しかったんや。」昨今，生活背景が変化し，大型スーパーマーケットやネットでの取り寄せで米を買う家庭も少なくありません。「地域で育つ子どもに，地域の米を食べさせないでどうするんや。」地域の人の思いと学校の思いが一致したのです。「地域の米を教材にするなら，畑の小松菜も使えるのではないか」と校内でも話題になりました。早速，地域の農家に尋ねてみることにしました。「もちろん，ここの子どもに自慢の小松菜や大根を食べてもらえたら嬉しいよ」と応援してもらうことになったのです。よく調べてみたら，５年生が使う社会科の副読本にも，農業を営む人の工夫や努力について，この地域の小松菜作りが取り上げられていることがわかりました。そして，自校の年間指導計画・単元配列表を見直すことになりました。社会科と家庭科を関連づけることによって，子どもたちの学びが相互に深まるのではないかと考えたからです。

　地域で収穫された小松菜や大根を使って，５年生ではゆでる調理やいためる調理やみそ汁作り，６年生では一食分の献立づくりの学習や家族が喜ぶおかずを考える学習の教材化を図る可能性が生まれました。

　毎年，実践を繰り返しながら，２年間の指導計画を見直すことによって，自校の特色を生かしたカリキュラムづくりを進めることができたのです。

先生の声を聞いてみよう

　家庭科は子どもにとって，とても魅力的な教科です。いくらでも自分の力を発揮して創意工夫できることは楽しい学習にちがいありません。家庭科の時間だけでなく，これまでの他教科での学習や，現在並行して学習していることが活用されていることも，多いです。また，これまでに培った力が，生活に生かす力として，発揮される様子を見ると，とても充実していてたのもしい姿にも映ります。

　そこには，たんに学習経験から得られた知識や技能だけでなく，思考力・判断力・表現力そして，生活に対する感性や，人や社会に対して自分がどう生きていくのかという，深い学びにつながっていく姿を見ることができます。

あなたへの問い

　教科を超えて子どもが力を発揮するためには，どんな力が必要だと思いますか？

マイ・ミニバッグを作ろう

題材名　第5学年「ひと針に心をこめて」

本実践の特徴

　5年生のはじめに位置づけられている小物づくりではフェルト布を使って，基礎縫いの技能を習得していく。この時期には基礎技能の習得とともに，自分でデザインしたものが実際に形になっていく喜びを十分に味わわせて，布の色や形を選んだり，縫い方やボタンの付け方を考えたりすることだけでも満足感が得られる。カラフルな色合いやいろいろな形を組み合わせてデザインする活動は，生活を彩る教材として，子どもたちがわくわくするような魅力をもつのである。このような活動を積み重ねることによって，自分の身の回りや生活を見つめたり創造したりしていくセンスは磨かれていく。これまで，技能の習得を中心に考えてきた被服教材を乗り越えた新たな教材の開発である。

　また，作品作りを通して，作品が小さいので縫う長さが短くても縫い方や縫い目の大きさなど製作の過程で気づいたポイントを作り方ガイドブックにして残していくことで，制作途中の思考力・判断力を見取ることができる。

1　題材のねらい

　<u>主に健康・快適・安全の視点とともに生活文化の継承・創造の視点による見方・考え方を働かせて，針と糸を使って，生活を豊かにできることがわかる。</u>

2　指導計画（全9時間）

第1次　針と糸を使ってできることを探そう……………………………1時間
第2次　手縫いにトライ！　〜マイ・ミニバッグを作ろう〜
　　　・製作計画を立てよう………………………………………………1時間
　　　・基礎縫いの特徴………………………………………………………1時間
　　　・マイ・ミニバッグとガイドブック製作………………………5時間　**本時（5/5）**
第3次　手縫いのよさを生かそう…………………………………………1時間

3　評価について

　製作に必要な材料や手順を知り，製作計画を立てたりして，生活を豊かにするための物の製作計画を考えて，手縫いによる製作を工夫している。主体的に，自分の家庭生活に取

り入れて実践しようとしている。

4　指導の流れ（本時案）

（1）本時の目標

　自分の作品を振り返りながら，製作過程で注意する点や工夫するとよい点を見つけることができる。

（2）展開

		学習活動	指導上の留意点
導入		1　本時の学習の見通しをもつ。	
		作品の工夫した点や改善点を加えて，ガイドブックを完成させよう	
		2　作品製作を振り返る。	○製作計画と作品をもとに，ガイドブックに工夫した点や改善点を加えることで，計画とのずれに気づくようにする。
展開		3　工夫した点や改善点を話し合い，アドバイスをし合う。	○話し合いの視点を明確にする。　グループ内で共通して ・よかったところ ・上手くいかなかったところ ・直した方がよいところ
		4　グループでの話し合いを全体で共有する。	○自分で気づかなかった点や共通点を発表するようにする。
		5　交流をもとにマイ・ミニバッグ作りをガイドブックにまとめる。	○共通点がどんな製作についても大切なポイントになることに気づかせる。 ○交流で発見したことを中心にガイドブックに追記させる。
		6　作品を展示し，互いに鑑賞する。	○互いの作品を鑑賞することで，色や形の組み合わせの多様性や面白さに気づいて評価し合えるようにする。
まとめ		7　学習を振り返る。	○2年間を通して，今後の被服製作活動を見通しながら，学習を振り返るように声かけする。

（3）評価

　自分の作品の振り返りや鑑賞による相互評価により，今後の製作活動にもつながるような注意点や工夫するとよい点を見つけることができたか。

5　学習の様子

　ここでは，フェルト布を縫い合わせて，小物作りとしてマイ・ミニバッグを製作する。基礎縫いとしての玉結び・玉止め・なみ縫い・半返し縫い・本返し縫い・ボタンつけの技能を習得しながら，実際に作品作りを行う。作品作りとともに，作り方の手順書として，来年の５年生に作り方を教えてあげるためのガイドブックを作っていく。

　布を選ぶ→布を縫い合わせる→ハンドルを付ける→ボタンを付ける→仕上げという簡単な流れではあるが，そのつど，注意するポイントや失敗しないためのアドバイスを考えて記入していく。

　個人によって選ぶ布の色や形，縫い方やハンドルの付け方，ボタンや縫い糸の選び方など，自分で創意工夫するポイントがたくさんあるので，子どもの活動意欲は高まり，できたときの満足感も大きい。たとえ，失敗したとしても，ガイドブックに書く材料ができたことになったり，さらに気づきやアドバイスが見つかったことになり，学習としては価値をもつのである。

　ここでの学習は，このあとのミシン縫いの学習や，ゆとりや大きさを考えた製作実習へと発展していく。自分で布と針と糸を使って創意工夫すれば，思い通りの物が作れることを実践的に学ぶことによって，生活をよりよく楽しいものにしていこうという姿を育てていきたい。

　この活動の取組は，できあがったマイ・ミニバッグをもとに話し合い，修正を加えてガイドブックを完成させるというパフォーマンス課題解決の場面である。子どもは製作したマイ・ミニバッグとガイドブックを手元に置いて，「自分が作り上げた」という満足感・達成感をもって授業に臨んだ。

　導入では，ガイドブックを作る目的と読む相手を確認した。なぜなら製作のポイントや失敗しないための工夫を書き加えることで，より実用的なガイドブックにするという意義づけを確認することにより，本時の学習活動の見通しが明確になると考えたからである。

　作品とガイドブックを製作計画と照らし合わせ，計画通りにできた点とうまくいかなかった点を把握し，ワークシートに記すこととした。

　ワークシートの記述や作品をもとに，製作過程でうまくいった点・うまくいかなかった点を交流した。

　基礎縫いについては，どの技術を選んだかの理由やその方法を選んだ目的を中心に話し合えるよう，「縫い方」「縫い目の大きさ」「糸の色」「玉結び・玉止めの場所」「ボタンつけ」と視点をしぼり，なぜその選択をしたのかを互いに問いながら交流した。その上で，グループでの共通して記述したいと思う点やうまくいかなかったことの改善策を考えることを交流の目的とした。

　「縫い目を大きくしすぎるとだめだと思った。」

　「でも細かすぎると時間もかかりすぎてだめ。」

「どれくらいか適切な縫い目の大きさをミリ単位で示しておくといいんじゃないか。」

「ハンドルをつける位置を上にしすぎると縫い目が見えてよくない。」

「返し縫いにして，玉結びが見えないように間にいれてしまうという方法もあるよ。」

「布端はかがり縫いにするとじょうぶで見た目もよいのではと思います。」

「縫っているときに，糸の長さって気にならなかった？」

「長いととちゅうでもつれるんだよね。」

「だから，机の横の長さくらいがいいってわけか。」

「それも伝えておいた方が失敗しないね。」

このように，グループ交流で見つけた共通点を発表し，同じ成功例・失敗例として一般化することができた。

また，グループの話し合いでは考えつかなかった改善策を他のグループの友だちから教えてもらうこともできた。その上で，うまくいく方法・失敗しないための改善策の多くは，他の布製品の製作にも共通することが確認できた。

〈ガイドブックと作品の評価例〉

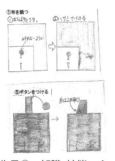  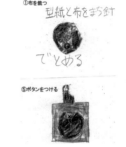 

作品①　知識・技能―A　思考力・判断力・表現力―A　　作品②　知識・技能―B　思考力・判断力・表現力―B

評価の指標【思考力・判断力・表現力】

ルーブリックAに該当

製作のポイントの理由が明確に書かれている。

ルーブリックBに該当

製作のポイントのみ書かれているが，なぜそうするとよいかまでは記されていない。

🔍 実践のポイント

- マイ・ミニバッグの製作とガイドブック作成という教材が，指導者のねらい以上に子どもにとって魅力的な課題となったのは，それぞれが思考し判断して製作した経験と，さらにによりよいものはどうすればできるのか知りたいという思いが子ども全員に共通していたからである。作品を評価する視点は技能中心になりがちであるが，製作過程での思考力・判断力・表現力を見取ることも必要である。
- 交流の場をもつことによって，ガイドブックの質が高められ，これまでの他教科の学習でつけた力が総合的に発揮されていることを実感できる。

マイ・ミニバッグを紹介しよう

題材名　第5学年「マイ・ミニバッグを紹介しよう」（外国語活動）

本実践の特徴

　家庭科の「マイ・ミニバッグを作ろう」の学習と並行して，外国語活動で本単元の学習を行った。マイ・ミニバッグに必要な自分がほしい色と形の布を選ぶ活動を，英語のコミュニケーション活動として位置づけた。また，作品ができあがってから，互いの作品交流も外国語活動として位置づけた。

1　題材のねらい

　マイ・ミニバッグクイズで "Which ～ do you like?" "Which is my bag?" を用いて交流する。

2　指導計画（全5時間）

第1次　マイ・ミニバッグを用いてクイズをするという学習の見通しを
　　　　もとう……………………………………………………………………1時間
第2次　好きな形や色，好きなものを尋ねる表現に慣れ親しもう……………3時間
第3次　マイ・ミニバッグを使ったクイズを通して，好きなものについて
　　　　積極的に尋ねたり答えたりしよう………………………………1時間　**本時**

3　指導の流れ（本時案）

（1）本時の目標

　マイ・ミニバッグクイズを通して，学んだ表現の仕方や語彙を用いながら，好きなものについて相手意識をもって尋ねたり答えたりする。

（2）展開

	学習活動	指導上の留意点
導入	1　本時の学習の見通しをもつ。 相手に合わせてヒントを出しながらマイ・ミニバッグクイズを楽しもう 2　前時までに用いた表現をチャンツで想起する。	○コミュニケーションのポイントを確かめる。
展開	3　マイ・ミニバッグクイズのデモンストレーションを聞いてゲームの仕方を知る。 4　マイ・ミニバッグクイズをする。 ・ゲームでわかった友だちの作品番号をワークシートに記入する。 ・相手のバッグを教えてもらったり，Yes, No の返答だけで終わらず，相手のバッグのよさを学んだ表現や語彙を使って伝えたりする。	○ゲームで尋ねたり答えたりする表現をフラッシュカードで黒板に示す。 ○自分で気づかなかった点や共通点を発表するようにする。 ○繰り返し行うことで，新たな表現を獲得できるようにする。 ○中間評価を行うことで，クイズの際に気を付けるポイントを再度意識できるようにする。 ○相手のバッグのよさを認める表現をしている児童を取り上げて自分たちの言語活動にも取り入れることができるようにする。
まとめ	7　学習を振り返る。	○家庭科の時間に一生懸命作った作品をもとにクイズが作れたことへの感想も聞く。

（3）評価

　マイ・ミニバッグクイズを通して，学んだ表現の仕方や語彙を用いながら，好きなものについて相手意識をもって尋ねたり答えたりすることができたか。

4 学習の様子

　この学習がスタートすると，英語の時間も家庭科の時間も子どもたちにとっては，大変魅力的な時間になった。

　自分たちで，好きな色や形の布を選んで，自分でデザインしてマイ・ミニバッグが作れるという現実的な設定にまず，心がわくわくする様子で始まった。

　家庭科の時間に作ったマイ・ミニバッグを材料にして，クイズを作ったことによって，コミュニケーションを図る必然性も生まれたからである。

　子どもたちは，家庭科の時間には，自分の作品作りに夢中である。人の作品まで見ている余裕はない。しかし，できあがってくるにつれて，「友だちはどんなバッグを作っているのだろう」と気になっていった。二つとして同じものはない，世界でたった一つのマイ・ミニバッグである。そして，いよいよ，マイ・ミニバッグクイズの日がやってきた。友だちに質問しながら，友だちが作ったバッグを探し出していくのである。

T「今日は，新しいフレーズを使うよ。"Hello" "Which is your bag?" "This is my bag."」
C「(口ぐちに繰り返してつぶやく)」
C「早くやりたい！」(並んでいるバッグが気になって仕方がない)

　そして，机の上に並んだマイ・ミニバッグを見ながら，出会った友だちとクイズを出し合い，二人とも出し終わったら，ワークシートに友だちの名前とバッグについていた番号を記入した。

C「赤が好きって言ってたから，きっと○番のバッグだと思うな。」
C「でも○番も○番も赤だよ。」

　子どもはマイ・ミニバッグを見つけてもらうために，身ぶりだけでは友だちに伝わっていないと，繰り返して「I like 〜 .」と伝える様子も見られた。

C「赤が好きっていったけど，じつはボタンが赤だったんだ。」

　マイ・ミニバッグに対して，子どもたちは愛着をもってクイズを楽しんでいる様子が表情ややりとりから見受けられた。

　中間評価では，英語でやりとりするときの五つのポイント（smile, clear voice, reaction, eye contact, gesture）を再度確認し，めあてに返ることで，めあてを意識することができた。

　自分たちが作った作品を使って交流したことで，聞いてみたい，知りたいという思いが高まり，コミュニケーションを図る楽しさや面白さをたっぷり実感することができたにちがいない。

　上は，家庭科の「ひと針に心をこめて」の指導計画である。外国語活動の学習と関連づけて，進度を合わせて取り扱った。たと

外国語活動「デザイナーになろう」との関連

次	時	学習活動	観点別評価の視点（方法）
第1次	①	○針と糸を使ってできることを，生活から探す。 ・裁縫用具の名前を確認する。安全な使い方を考える。 ・針と糸を使ってできることを，自分の生活から探し，交流する。 ・学習の見通しをもつ。	関　縫うことや裁縫用具の扱いに関心をもっている。（観察・ワークシート） 知　裁縫用具の名前や安全な使い方を理解している。（ワークシート）
第2次	② ③ ④〜⑧	○基礎的な縫い方・特徴を知る。 ・玉結び・玉止め ・なみ縫い ・ボタンつけ ・返し縫い ・かがり縫い ○マイ・ミニバッグの製作計画を立てる。 ・ガイドブックにデザイン画を記す。 ○手縫いでマイ・ミニバッグを製作する。 ・選んだ色のフェルトを型紙に合わせて裁つ。 ・2枚の布を合わせて本体を作る。 ・ハンドルをつける。 ・ボタンをつける。 ・ハンドルにボタンホールをあけて仕上げる。 ［ガイドブックに作り方を記しながら製作を進める。］	技　針に糸を通す，玉結び・玉止め，なみ縫い，二つ穴ボタンつけ，本返し縫い，半返し縫い，かがり縫いができる。（作品） 理　なみ縫いの方法と縫い目をしごく意味，ボタンつけの方法，本返し縫い・半返し縫い・かがり縫いの特徴を理解している。（観察・作品） 創　色や形を工夫して，マイ・ミニバッグの製作計画を立てる。（デザイン画） 関　手縫いに関心をもち目的に合った縫い方で生活に役立つものを製作しようとしている。（観察・ワークシート） 技　用具を安全に取扱い，玉結び・玉止め，なみ縫い，返し縫い，ボタンつけを使って小物入れを製作することができる。（作品・観察） 関　手縫いを用いて製作する楽しさや喜びを味わっている。（振り返りカード）
第3次	⑨	○針と糸を使って，家庭生活を工夫する。 ・作品製作を振り返り，工夫や改善点を交流し，ガイドブックに書き入れる。	創　自分の作品を振り返りながら，製作過程で注意する点や工夫するとよい点をまとめている。（ガイドブック）

えば，マイ・ミニバッグに使う布の色や形は，外国語活動に好きな色や形を選ぶことで，時間を短縮することができた。また，作品交流の時間も外国語活動の時間に，自分たちが作ったバッグを紹介し合う活動としてマイ・ミニバッグ・クイズをすることで，互いの作品のよいところを見つけたり，相互評価したりすることができました。自分が作った作品をもとにクイズを作ったり，見せ合うことで，どちらの学びも深まり，意欲をもつことができ，学習を活性化することができた。

🔍 実践のポイント

・家庭科で作ったマイ・ミニバッグをもとに，コミュニケーション活動を行ったことは，外国語活動の目標に到達するためにも効果的で，学習者にとって必然性があり，魅力ある設定となった。

・カリキュラム・マネジメントでの教科横断的な扱いにより，双方向に効果がもたらされ，学びの可能性を広げることができる。

Lesson 12
学びの準備をしておこう
―― カリキュラム・マネジメントで
生活に関心をもつ準備をしておく ――

１ 家庭科の学習を始めるために

（１）子どもの発達段階と家庭科の学習

　家庭科の学習は第５学年から始まりますが，子どもはもっと以前から生活者として家庭の中で生活をしている主体者です。そして，守られる立場にいることや，してもらうことが多い環境にあった立場から，主体的に自分で考えて，生活の課題をとらえ，主体的に解決していくことができる発達段階にきています。このような発達段階にあることを自覚させていかなければなりません。

　そのためには，それまでに一人ひとりの子どもが事前に個の中で準備してきた経験や，経験を通して身につけてきていることを，よく理解しておかなければなりません。また，反対に家庭科で目指している資質・能力を見据えて，各教科・領域で関連する内容に関してやがてはそこにつながることを意識して指導を重ねていくこともまた重要なことではないかと思います。

　たとえば，子どもにとっては，無意識に流れていく日常生活についても，生活科の学習で，家の中にある生活の道具や，それをどのように家の人が使っているかをよく見て，何を見つけてきたかという話し合いの経験や，野菜を育てて食べた経験などをすることが重要です。さらに，そこで完結するのではなく，そのときには，難しくて理解できない知識や技能もやがては，それが原体験となって，概念化されたり，実感をともなった認識に育っていくことを意識しておくことが大切です。

　「ああ，そういうことだったのか」と，事実事象が科学的な知識や社会的な認識と結びついたときに，本当に「わかる」ということに結びつくのです。

　何もかも便利になった社会だからこそ，子どもたちが直接的に体験することや，モデルを通して見たことがあるという経験はとても大切です。他教科や領域の学習でも，実践的に学ぶ学習場面は大切にしてほしいと思います。

（２）家庭科の学習を始める前にしておくこと

　子どもたちが楽しみにしている調理実習の場面を思い浮かべてみてください。調理に必要な技能の一つに，「正しく分量を計量する」ことがあります。すでに長さや容積などの

単位は算数の時間に学習しているはずです。小さな単位から大きな単位に換算したり，計算したりすることも繰り返し学習してきています。それが自由自在に扱えないと，上手に料理を作ることはできないのです。同じように，物を作るために必要な布の分量を計算したり，必要な時間を計算したりすることもまた必要なことは言うまでもありません。

　また，家庭科の学習で，何度も繰り返し出てくる栄養素の話やバランスのよい食事のとり方についても，保健の学習や給食指導で子どもたちは聞いたことがあり，あらかじめベースができていることも多いのではないでしょうか。それでも，繰り返し，家庭科の学習の中で自分の食生活を実際にくわしく調べたり，食品に主に含まれる栄養素を調べたり，栄養素のバランスを考えて食品を組み合わせて献立を考えたりするような実践的な学習を積み重ねることで，自分の生活に生きる知識理解につながっていくのです。そこには，何層構造にも子どもの学びの段取りのようなものがあるのではないかと思います。

　それぞれの教科にはねらいがあり，その教科それぞれで育てたい資質・能力があるわけですが，派生的に子どもたちに芽生えていく，あるいは潜在的に蓄えられていく資質・能力もあることを見過ごさずに，校内ではぜひ子どもの学びから光るような発言や，指導者の予想を上回るような気づきを発見して共有しておいてほしいと思います。

（3）子どもの実態を知っておく

　どのような教科の学習でも，学習に入る前に事前にどれくらい既習事項が定着しているか，準備が整っているかといったレディネスチェックをしておくことが必要です。家庭科の学習の場合は2年間しか学習がないので，はじめて学ぶことも多いことから，生活経験をアンケート等を通してとらえておくことが必要になってきます。何度もアンケートをとるのは難しいこともあるので，5年生の家庭科のガイダンスのときに，生活実態の項目をいくつか取り上げて，毎回の学習に生かせるようにしておくのも一つの方法です。

　たとえば，以下のような項目です。

- 家庭の仕事（したことがある仕事・まかされている仕事・やってみたい仕事）
- 調理の経験（作ったことがあるもの・使える道具・知っている用具）
- 製作の経験（使ったことがある道具・見たことがある道具・名前を知っている道具）
- 家庭での様子（家族で過ごす時間・家庭の仕事の役割分担）
- できるようになりたいこと

　記述式が難しいようなら，選択式にして大まかな傾向をつかんでおくとよいのではないかと思います。家庭にも伝えて協力してもらっておくことで，新しく始まる家庭科という教科への意識ももってもらえるのではないでしょうか。

❷ 家庭科の視点からのカリキュラム・マネジメント

（1）家庭科の素地をつくる

　Lesson 11 では，おもに，第5・6学年の指導計画に並行して他教科・領域とのクロスカリキュラムの話を取り上げましたが，ここでは，他学年での学習を系統的にどのように積み上げて関連させていくかという点でのカリキュラム・マネジメントについてふれたいと思います。

　子どもたちの学びのベースとしては，まずはじめに家庭生活に目を向ける経験を積んでおくこと，そして，生活を実践していくために自分で考えて工夫して実際にやってみる経験を積ませておくことが必要です。その中で，実際に生活をうまくするための知恵や工夫が必要であることにやがて気づいていきます。そこで，どうすればうまくいくのか，なぜうまくいくのかといった実践的体験にもとづく科学的な根拠を導いていく学習が必要になってくるのです。

　毎日の生活は成功と失敗の連続です。しかし，なぜ成功したのか，いつも成功させるためにはどうすればよいのか，なぜ失敗したのか，繰り返し失敗しないようにどうすればよいのか，自分で課題解決するプロセスを繰り返し経験することが大切であることを忘れてはいけません。

　小学校の生活は，教科や領域の時間だけではなく，学校行事や学級での生活など，自分たちで問題解決していく場面がたくさんあります。家庭では学べないことがたくさんあります。そのようなチャンスを見過ごすことなく，試練を乗り越え，たくましく成長していく姿を指導者は見守って育てていってほしいと思います。

　そのような毎日の学校生活の中で，自分で考えて判断したり，やり遂げて達成感を味わったり，自己有能感を味わったりして成長していきます。そして，人と折り合いをつけながら，社会性を身につけ，人間関係調整力を身につけていきます。

　このような力は，家庭科の学習の時間のみならず，学校生活と家庭生活の両輪で，磨かれていくのです。

　どのような発達段階で，どのような教科・領域の時間で学習することが家庭科の学習と関連しているかを表にまとめることはできますが，本当のカリキュラム・マネジメントは，やはり当事者の指導の先生が目の前の子どもをよく見ておかないとできないものです。

（2）家庭科で育てた力を発揮する

　家庭科の学習で身につけた資質・能力が，他の教科や領域等に生かされることもあります。たとえば，学校行事や特別活動の中で，生きて働く力になったり，他教科の学習での実生活に生かす場面で学習の経験が生きることもあるのではないかと思います。

　新学習指導要領によれば，家庭科の学習では，「生活の営みに係る見方・考え方」を働かせて，生活事象をとらえていくわけですが，このことは，これまでの「内容をどのように教えれば定着するか」という考え方から「自己の課題を解決する力を養うために，どのような視点から何をどのような方法で学習させるか」という考え方へと転換することが示されたということです。

　ですから，子どもたちが身につけた知識や技能，思考力・判断力・表現力を用いて自分で考えて課題に向き合い，解決していくプロセスを大事にし，実現したいゴールを明確にして，ぜひともそれを実現できる環境を整えて保障していきたいものです。

　とくに，家庭科の時間だけでは実現しにくい，地域の人を招いて感謝の会をしたり，地域に出かけて地域の人とともに活動したりするような学校ぐるみ，地域ぐるみの活動に内容が発展するようなすばらしい取組をする際には，授業時数をマネジメントし，できるだけ授業時数を確保しながら，ぜひとも子どもたちの思いが実現できるようにしてほしいと思います。

　家庭や地域の一員として，自分で果たす役割を自覚するとともに，身につけた力を実際に家庭や地域でためしてみたいという子どもたちの気持ちも尊重し，達成感を味わわせたり，自己有用感を味わわせることを，意図的に教育課程の中に位置づけることは，とても素晴らしいことだと思います。そのためには，日頃から学校の取組を家庭や地域に発信し，信頼関係を築いておくことも必要です。

参考　〈家庭科の学習に関連する教科や学習内容〉

○算数　　2年

　　　　　「長さの単位」「かさの単位」

○生活科　1年・2年

　　　　　「家庭生活と家族」「自分の役割」「地域の人たちへの親しみや愛着」

　　　　　「身近な人々とかかわることの楽しさ」

　　　　　「自分の成長への感謝とこれからの成長」

○道徳科　1年・2年

　　　　　「健康と安全」「物や金銭を大切にする心」「規則正しい生活」

　　　　　「身近な人たちへの温かい心・親切」

　　　　　「日ごろ世話になっている人への感謝」

　　　　　「約束やきまり　物を大切にする」

　　　　　「働くことのよさ」

　　　　　「父母や祖父母への敬愛　家族の役に立つ喜び」

　　　　　「郷土の文化や生活への親しみと愛着」

　　　　　3年・4年

　　　　　「生活を支える人や高齢者への尊敬と感謝」

　　　　　「家族で協力してつくる楽しい家庭」

　　　　　「郷土の伝統と文化　郷土を愛する心」

　　　　　「我が国の伝統文化に親しみ国を愛する心　外国の人々や文化への関心」

　　　　　5年・6年

　　　　　「生活習慣の大切さ」「節度・節制」

　　　　　「日常生活の助け合いや支え合いへの感謝」

　　　　　「自分の役割の自覚と協力して主体的に責任を果たすこと」

　　　　　「働くことの意義　社会への奉仕する喜び　公共心」

　　　　　「家族の幸せのために進んで役に立つ」

　　　　　「先人の努力　郷土や国を愛する心」

○社会　　3年・4年

　　　　　「生産や販売に関する仕事」「国内の他地域とのかかわり」

　　　　　「日常生活を支える水・電気・ガスの確保と廃棄物の処理」

　　　　　「昔の道具　昔の生活」

　　　　　5年・6年

　　　　　「国土の地形と気候の概要」「自然条件と特色ある地域の人々の生活」

　　　　　「食糧生産と輸出入」「生産地と消費地を結ぶ運輸などの働き」

　　　　　「農業や水産業」

○理科　　3年・4年

　　　　　「太陽の光と日陰・日なたのちがい」

　　　　　「金属のあたたまり方」「水の変化」

　　　　　5年・6年

　　　　　「植物の育ち方」

　　　　　「ものの燃焼の仕方　酸素と二酸化炭素」

　　　　　「食べ物の消化と吸収」

○体育　　3年・4年

　　　　　「毎日の健康な生活」「健康な生活環境」

　　　　　「体の成長と発達のために必要なこと」

　　　　　5年・6年

　　　　　「病気の予防」「望ましい生活習慣」

先生の声を聞いてみよう

　小学校では，いろいろな学年の担任をしています。「あの学年で学習したことがここで生きてくるんだ」とか，学年を超えて，教科を超えて，家庭科での学びは総合的であることが実感されます。とくに，具体的な生活場面で子どもたちは，いろいろな教科での学びを使いこなしながら，問題解決していく力をつけておく必要があります。

あなたへの問い

　家庭科の学習のいろいろな題材と，どの教科のどのような内容が関係しているでしょう？

「手の感覚王」はだれだ！

題材名　第3学年「重さ」(算数科)

本実践の特徴

　この実践は算数科の第3学年の学習である。身近な家庭生活においては，長さや重さやかさなど，様々な感覚を働かせて，無意識に営んでいることが多い。算数科での学習においてよく理解できていても，身近な生活と結びついていないこともある。

　ここでは，「重さ」について単位を理解し，正しく計測したり計算したりすることができるとともに，実際の重さの量感をとらえることをめあてとして学習することとした。

1　題材のねらい

• 重さを適切な計器を用いて量ったり，重さの加減計算をしたりできるようにする。
• 重さの単位とその相互の関係，測定に用いる単位や計器の選び方を理解できるようにする。

2　指導計画（全10時間）

第1次　重さについての日常場面を想起し，重さを量ることへの
　　　　興味をもとう……………………………………………………… 1 時間

第2次　重さの単位（g）を知り，はかりの使い方や目盛りの読み
　　　　方を理解しよう…………………………………………………… 1 時間

第3次　重さの単位（kg）を知り，重さの測定をしよう ……………… 1 時間

第4次　1kgの重さを作る活動に関心をもち，重さについての
　　　　量感を豊かにしよう……………………………………………… 1 時間

第5次　いろいろな計器があることを知り，ものの重さの見当を
　　　　つけて適切な計器を選んで測定しよう………………………… 2 時間

第6次　重さの保存性を理解し，重さを計算できることのよさに
　　　　気づこう…………………………………………………………… 2 時間

第7次　重さの予想を立てて，単位や計器を適切に選択して身近な
　　　　ものの重さを測定したり，重さの加減計算をしたりしよう… 2 時間　**本時（1/2）**

3　指導の流れ（本時案）

（1）本時の目標

　重さの予想を立てて，重さの測定方法を考え，実際の重さとのちがいを計算して比べることができる。

（2）展開

		学習活動	指導上の留意点
導入		1　本時の学習の見通しをもつ。	
		予想と実際の重さのちがいを調べよう	
		2　学習の進め方を確認する。	○四人一組でグループを作る。
展開		3　友だちの出題したものについて，重さを予想し，はかりを選んで測定し，重さの加減計算をする。	○支援として，1kgの砂袋や今までの学習で量ったものを用意することで，見当づけができるようにする。 ○量り終わったら，出題者はクイズの紹介文を見せて説明するようにする。
		4　誤差を確認し，「手の感覚王」を決めて，計算のしかたや計器の選択のしかたについて確かめる。	○一番誤差の少ない子どもにどのように重さを求めたのか聞くことで，計算のしかたや計器の選び方を再度確認できるようにする。
		5　友だちのクイズを解き合う。	○前半に量っていない出題者のところへ移動する。 ○向い合わせた人同士で出題し合う。
まとめ		6　学習を振り返る。	○重さを測定するために大切だと思うことを振り返りに書くようにする。

（3）評価

　重さの予想を立てて，重さの測定方法を考え，実際の重さとのちがいを計算して比べることができる。

4 授業の様子

　学習の見通しや意欲をもたせるために,「予想と実際の重さの違いを調べる」という学習課題を設定した。子どもは「手の感覚王はだれになるのか」とわくわくした気持ちで学習に入った。

　子どもは予想した後, 実際に測定するのに適した計器はどれかを考えながら, 測定を行っていった。

C「この前, 持ってみた1kgの砂袋と同じくらいだな」

　これまでの経験をもとに話す姿が見られた。

C「目盛りは正面から見ないといけないよ」

　誤差のいちばん小さかった子どもを「手の感覚王」と認定した。模型のマイクを使いながら感覚王にインタビューしてみた。

T「手の感覚王になるために, 何かコツとかポイントはあったのでしょうか?」

C「前に量ったものを思いだし, いくつ分か考えると予想と実際の重さが近くなりました。」

　これまでの学習をもとに, できるだけたくさんのクイズに挑戦できるようにした。

C「今までに量ったものをもとに予想できそうだな」

　子どもは何度も何度も, 手で持った感覚を経験しながら, 実際の数字とその重さを関連づけて, 経験知として理解していくのがよくわかった。

　じつは, 単元の導入時にも仕掛けがあった。子どもたちに身近な鉛筆や消しゴムなどの文房具を二つ提示し, どちらが重いか聞いてみた。すると, 子どもは「手で実際に持って比べてみたい」と興味を示した。

　そこで, 予想をした上で, 手で量ったものの, どちらが重いか判断しにくいものがあることに気づいたのである。そこで, ものの重さを正確に量るには計器が必要であり, 次時以降は計器による量り方を学習し, 正確な重さを調べていくという見通しをもたせた。その後, 子どもたちに重さの学習でどんなことを学習したいかと問うと,「手でもっといろいろ量りたい」「ぴったり重さをあててみたい」と, 日常生活で見過ごしていた重さを量る活動にとても意欲的になっていった。このようなわけで,「手の感覚王」を目指す流れができたのである。

　単元を通して, 教室には常に, はかりを置いておくようにして, いつでも計器でものの重さが量れるようにした。「1kg ばかり道場」「2kg ばかり道場」「ばねばかり道場」と場をつくり, 4kg ばかりや5kg ばかり, 目盛のある体重計も置いておいた。そのあと, 1kg の量感をもたせるために1kg の砂を量り袋に入れる活動をし, いつでも袋を持ちあげることができるように, 道場の近くにおいて1kg の量感を味わえるようにした。

　また，いつでも身の回りのものの重さを記録しておけるワークシートも用意しておいた。休み時間になると，様々なものの重さを予想して計器にのせては量り，意欲的に記録していく姿が見られた。「量感を養って，感覚王になる修業をする」という楽しい前向きな活動になっていった。

　これまで，量った物の中で三つ選んで自分でクイズを作った際には，楽しみながらクイズを作った。1kg上皿自動ばかり，2kg上皿自動ばかり，ばねばかりが使用できるようなクイズを考えるように声かけすると，どの計器も使えるクイズを作ることもできた。

　ここでの算数科の学習は，じつは生活場面の中での「重さ」との出会いである。毎日の生活の中でも，重さの単位は山ほど出てくる。買い物をするときも必要な量は重さで示されている。料理を作るときにも，洗剤を使うときにも，計量することが必要になってくる。

🔍 実践のポイント

・算数科では第3学年で「重さ」の学習をする。生活の中で，重さを量ったり，重さのことを考えなければならない場面はたくさんある。子どもの生活経験の中で，重さを量る，重さを感じる活動を十分にしておくことは大切なことである。やがて，料理を作ったり，買い物をしたりという場面で，必ず，失敗しないようにするためには，計器の使い方や計量の仕方が大事であることに気づくのである。

「かさはかせ」になろう

題材名 第2学年「かさ」（算数科）

本実践の特徴

　この実践は算数科の第2学年の学習である。身近な家庭生活においては，3年生の重さと同様にかさについても，様々な量感を働かせて，無意識に営んでいることが多い。算数科での学習においてよく理解できていても，身近な生活と結びついていないこともある。ここでは，「かさ」について単位を理解し，正しく計測したり計算したりすることができるとともに，実際のかさの量感をとらえることをめあてとして学習することとした。

1　題材のねらい

　水などのかさに関心をもち，正しい計測の仕方やかさの表し方や単位を知り，様々な入れ物のかさを量る活動を通して，適切なかさの単位で表すことができるようにする。

2　指導計画（全9時間）

第1次　容器に入る水のかさについて，いろいろな方法で量り，
　　　　普遍単位の必要性に気づこう……………………………………………… 1時間

第2次　1Lますでは表せないはしたの表し方を知ろう………………………… 1時間

第3次　1dLますでは表せないはしたの表し方を知ろう……………………… 1時間
　　　　LやdLの関係を理解しよう

第4次　かさの和や差の求め方を考えよう……………………………………… 1時間

第5次　1Lのかさの量感をつかもう…………………………………………… 1時間

第6次　水のかさを予想して正確に量るとともに正確な単位で表そう……… 1時間

第7次　身の回りの物のかさを量り，かさカードを作ろう…………………… 2時間

第8次　かさを正しく量る方法を考えて説明しよう…………………………… 1時間　**本時**

3　指導の流れ（本時案）

（1）本時の目標

　かさを正しく量る方法を考え，わかりやすく説明することができる。

（2）展開

	学習活動	指導上の留意点
導入	1　本時の学習の見通しをもつ。 かさを正しく量るための方法を考えよう 2　これまでの学習を振り返り確認する。	 ○前時に作ったかさカードを準備しておく。
展開	3　正しく量るために考えたことを発表し合う。 4　自分の水筒のかさをどのようにして量るのかかさカードを見せながら全体で話し合う。 5　みんなで話し合って気づいたことをまとめる。 6　適応題として，やかんに入る水のかさについて考える。	○ペアで活動を始める。 　なぜという理由を話す。聞く側も「なぜですか？」と聞く準備をしておく。 ○自分で気づかなかった点や共通点を発表するようにする。 ○1Lますと1dLますの使い方がポイントになることに気づかせる。 ○単位がちがうと比べにくいことやそろえると比べやすいことに気づかせる。 ○これまでの量感を生かす。
まとめ	7　学習を振り返る。	○もっと調べてみたいという気持ちを大切に，学んだことを生活に生かすことが大切であることを伝える。

（3）評価

　かさを正しく量る方法を考え，わかりやすく説明することができたか。

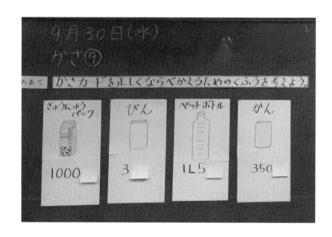

4　授業の様子

　この「かさ」の単元に入ってから，子どもたちは算数の時間になると生き生きしている。実際にかさを量る活動が楽しくて仕方がないようである。使えるようになった1Lますや1dLます。何杯分か数えてみたり，友だちとくらべっこしたり，あらゆる器を見つけては，「量りたい！」の連呼である。

T「じゃあ，今からかさ博士になって，正しく量るために考えたことを発表するよ。」

C「ぼくの水筒は950 mL です。」

C「なぜ，1L ますを使ったのですか？」

C「予想は1L くらいなので，正しく量るためにまず1Lますを使いました。」

C「なぜ，1dL ますもつかったのですか？」

C「それは，900 mL と 1000 mL の間だったから，1dL ますでも量ったら，950 mL ということがわかりました。」

　それぞれ，根拠をもって，どうやって自分の水筒のかさを量ったのかを伝え合っていった。

T「では，みんなの発表を聞いてみて，どうやったら正確にかさって量れそうかわかったの？」

C「だいたい水筒って1L くらいだから，先に1L ますを使ったらいいと思います。」

C「正確に量るためには，時間かかるけど，1dL ますを使ってもいいと思います。」

C「ときと場合によるよ。正確になら mL ますやし，ざっとどれくらいかっていうのなら1L ますの方が手っ取り早い。」

T「じゃあどちらが多いか比べるときには，どうやったらいいの？」

C「同じ単位で，数字を比べたらいい。」

C「単位がちがったら，どちらかの単位にそろえないと正確には比べられない。」

　これまで，子どもたちは，身の回りのいろいろなものを量ってきたので，比較するときには，単位をそろえることなど，すんなりと答えがでてきた。

　クラス全員の水筒のかさがわかったところで，こんな質問をしてみた。

T「じつはね，今度遠足にみんな行くでしょ。みんなの水筒に入るだけのお茶をわかしてあげたいと思っているの。このおやかんで。」

C「えーっ。何そのおおきなおやかん。ぼくの家にはそんな大きなおやかんないわ。」

T「学校にはあるの。このおやかん，どれくらい

の水が入ると思う？」

C「うーん。最低でも3L かな。」

C「いや5L かな。10L はいかへんわ。」

　いろいろな身の回りのものを量っていると，だんだんかさの見当づけも上手になってくる。

T「じつは，このおやかんは4L 用です。みんなの水筒に入る分のお茶をわかそうと思ったら，このおやかんいくついると思う？」

C「ちょっとまって，時間ちょうだい。計算するから。みんなの水筒全部で何Lになるか計算してみたらいいやん。」

　ここで，この日は時間切れとなったが，じつは，生活の中ではこんなやりとりはしょっちゅうあるのである。2年生の子どもたちの生活経験の中ではまだまだそんな機会はなかっただけに新鮮にとらえることができたのにちがいない。

　たとえば，味噌汁を何人分作るのに，どんな大きさの鍋にどれくらいの水を用意すればよいだろう。5年生になったら，たちまちそんなことを考えなくてはならない。

　子どもたちは教科を超えて，小さい学年からこうやって様々な活動を通して，知識や概念を獲得していく。できるだけ，生活場面の中での事象に置き換えたり，実際に使ったりする中で，まさに生きた知識や概念となっていくのである。

子どもたちが作った "かさランキング BOOK"

🔍 実践のポイント

・かさや重さといった量感は低学年からでもつかめるようになる。具体的な活動を通して積んだ豊かな生活体験が，教科を通して学ぶ知識と結びついて概念が形成されていく。

・家庭科の学習により，このような素地をうまく生かしながら，科学的に論理的に問題解決して生活に実践的に生かせるようになると，生活はますます楽しいものになる。

Lesson 13
家庭科の学びの質を高めよう
—— 生活に役立つ学習から，ものの見方や考え方を育てる ——

■1 家庭科の学びの構造と10のメカニズム

　家庭科という教科において，わたしたち教師は，子どもたちにどんな力をつけたいと思っているのでしょうか。子どもたちに楽しい体験活動をさせることだけでは，そこに学びは生まれません。蓄積もありません。いくら立派な指導計画や評価規準表がつくられたとしても，子どもの指導には届かないのです。授業改善を図るためには，目指す資質・能力について深く分析すること，すなわち学びの質を問うことこそが必要なのです。

　新学習指導要領の「どのように学ぶか」の中にも「主体的・対話的で深い学び」というキーワードが出てきますが，まさに学びの質を問う文言ではないかと思います。

　ここでは，家庭科としての学力の「質」を問うために「学びのメカニズム」を整理し，この教科の中でどのような学習活動を通して，どのような資質・能力を身につけさせようとしてきたのかを明らかにしてみたいと思います。

　授業づくりを行うときに，学びのメカニズムをとらえる視点として次の10項目を挙げてみましょう。

　①家庭科の学習を通して，家庭生活について**多面的な興味を喚起**し，**自分の生活のあり方や家庭観を形成していこうとする態度**を育成することを根幹とする。

　②**基本的な経験を再構成**することによって**知識理解**を確かなものにしていく。

　③実践的・体験的活動を通して理解するということは，**主体的な課題解決活動**を通して**解釈（理解）**することによって導かれる。

　④経験の総体である個々の学習者は固有であるがゆえに，**解釈の仕方も個性的に成立**し，循環的に広がり，高まっていくものである。

　⑤具体的な活動に出会うことにより，**実感することを通して解釈（理解）**することが成立する。**知性と感性を両輪で扱う**ことが必要である。

　⑥体験的活動において解釈（理解）するということは，個々の願いや思いに導かれた**イメージができる**ことであり，考えるということはその**イメージを動かす**ことである。

　⑦家庭生活について解釈（理解）することは，その**内容を総合的にとらえ，関連する世界が広がる**ことである。そこにおいても，家庭生活に対する自分の願いや思いをもとにしたイメージの役割は大きい。

　⑧**解釈（理解）する内容が自分の生きることにつながったとき，学びの意味が発生する**。

したがって，学びの意味とは，家庭生活における行動様式や生き方に大きくかかわる。

　⑨学びの意味づけが生じたときに，その**解釈（理解）は長期的記憶となり**，生活に役立つものとなる。

　⑩学びの意味は，個々によってちがうと同時に本人が実感するしか方法がない。**気づかせやすい条件や環境を整える**ことが必要である。

　以上，10の項目の視点をもつことによって，家庭科の学習の中で，子どもたちがどのような学習活動を通して，主体的に学習をすすめ，学びの意味づけをしていくことができるかを示唆することができるのではないかと考えています[1]。

　たとえば，具体的に Lesson 1〜Lesson 12 で取り上げている実践例は，この①〜⑩の項目の学びのメカニズムの視点をふまえているからこそ，学習の成果があがったものばかりです。そういった視点で，もう一度実践例を読み込んでもらうとよいと思います。

❷　質を高めるとはどういうことか

　家庭科の学習の質を高めるということは，目指す資質・能力を具体的にどのような姿を通して評価するのか，その指標を明らかにすることでもあります。

　そのためにも，評価の観点と学びのメカニズムを関連づけて考えてみましょう。

　まず，育成すべき資質・能力の三つの柱のうちの**一つ目の柱の「何ができるようになるか」**（生きて働く「知識・技能」の習得）**の観点**から見てみましょう。知識・理解については，先ほどの学びのメカニズムにおいても解釈（理解）することがいかに重要であるか，明らかです。②・③・⑤・⑩の視点に述べられているように，解釈は一方的な知識の注入によって行われるのではなく，実践的・体験的な活動を核とした課題解決学習という学習活動を通して実感的になされることに意味があるのです。また④や⑥で示されているように，個がもつイメージにかかわって，固有に解釈されることから，創意工夫する力と関連が深いこともわかります。家庭科の学習における解釈（理解）の質は，たんなる断片的な知識の量ではなく，自分の家庭生活のあり方や生き方とかかわらせてなされたときにこそ意味をもつからです。生活の技能についても，ややもすると何かが上手に使えるとか，作品の出来ばえが美しいなど，それだけを評価してしまうことが起こりがちです。しかし①から⑩まで，どの視点を取り上げても，生活の技能が単独で獲得されることは考えにくいのです。②の基本的な経験とは，まず未体験のことをやってみることから始まります。やりながら確かめていくということは，まず，経験の保障が技能の習得や知識の獲得につながっていくことにほかなりません。また，③で述べているように，課題解決学習が進んでいく中で，必然的に，知識や技能が主体的に獲得されていくのです。また⑨の視点にもあるように，技能の習得はその場限りのものでもなく，自分の家庭生活や生き方とつながったときに学びの意味が発生するのです。生きて働く機能的な学力として評価していくべきでは

ないでしょうか。基礎・基本は習得から活用されてこそ意味をもちます。

　次の２つ目の柱としての「理解していること・できることをどう使うか」（未知の状況にも対応できる「思考力・判断力・表現力等」の育成）の観点から見てみましょう。まず，生活を創意工夫する力については④や⑥の視点にあるように，個々の子どもの願いや思いは固有であり，多様であることをふまえておくことが大切です。そして，個々のもつイメージに広がりや高まりがあることを前提として学習活動を展開していくことによって，この能力は引き出されていくのです。

　最後に３つ目の柱としての「どのように社会・世界と関わり，よりよい人生を送るか」（学びを人生や社会に生かそうとする「学びに向かう力・人間性等」の涵養）の観点で見てみましょう。これは家庭科の特質でもありますが，学んだことを自分の生活に生かすというゴールに向かって，課題解決をしていくのですから，つねに自分の生活や自分を取り巻く社会と接点をもちながら，考えを深めていきます。ですから，上述の二つの柱とはいつも密接に関連しながら学習は進んでいくのです。題材レベルを分析の視点とするならば，各題材の導入時でのみ，学びに向かう力が評価されるのではなく，最終的に到達地点として，①や⑥の視点により題材目標を明確にすることによって，学びの意味を評価することができるのではないでしょうか。

　すなわち，家庭科の学習は，たんに生活に役立つことを学ぶだけではなく，「生活の営みに係る見方・考え方」を働かせて実践的に学ぶことこそが大切なことなのです。

❸　家庭科における学習評価——子どものどこをどう見取るのか

　私たち教師一人ひとりが子どもたちの学びをとらえるとき，それぞれに自分の物差しで見てしまいがちです。ですから，より客観的に絶対評価していくためには具体的な規準や指標をあらかじめ計画的につくっておくべきです。しかし，本来，学習評価は，評価のためにあるのではありません。すべての子どもたちの学力保障が前提であるはずです。それならば，私たちがもっとも力を注ぐべきことは，規準に到達できにくい子どものつまずきを予想し，そういう子どもをつくらないための題材構想や指導法の開発です。

　実習をともなう学習場面もあれば，グループでの協働的な話し合いの学習場面もあります。一時間一時間の深い学びの姿をイメージしながら，一人ひとりを見取る具体的な指標をもっておかなくてはなりません。

　一時間の中でも，評価の場面をどこに置くかで評価は変わってきます。はじめの方で，一人では気づいていなかったことも，ペアやグループでの話し合いによって，自分にはなかった気づきや多様なものの見方・考え方ができるようになる場合もあります。深い学びとはそういったストーリーの中で生まれるものなのです。

　細かい見取りのための評価補助簿もときには有効であるかもしれません。ワークシート

への朱書きや励ましも有効であるかもしれません。しかし，評価活動そのものを指導ととらえて一体として論じてしまっては本当の意味での授業改善にはつながりません。評価活動を通して，支援の必要な子どもへの手立ては有効に働いていたのか，それぞれの子どもの能力を十分に引き出す指導になっていたのかを振り返る必要があるのです。

　評価規準の「規準」とは，教育評価を目標に準拠して行うこと，すなわち「目標に準拠した評価」という立場を表現しています。それに対して「基準」は「規準」に従って教師が実際に評価を行うときに，それを指標として用いるように具体化したものです。

　さらに，「規準」には，規準Aと規準Bがあります。規準Bとは，題材や授業の中で目指したい学習者の学習状況が概ね実現できている状況を指します。さらに十分満足できる状況や教師の想像を超えるような学習状況であれば規準Aということになります。

　評価の観点の趣旨にそって，題材全体を通して学習者に実現させたい学習状況を具体的な文言で示すことによって，より客観的に学習状況の質を見取ることができるはずです。さらに一授業の評価規準を具体化して，規準Bや規準Aの質的表現をあらかじめ想定して整理し，目指したい学習者の姿を描いておくことは，目標を明確化させることにもつながるのです。

　指導案を作成するときも，規準A・規準Bの子どもの姿をみることに終始してしまってはいませんか。本当に教師が心を砕いて悩むのは，規準Bに到達できない子どもをどんな指導で規準Bに導くことが可能なのか，規準Bの子どもをどうすればさらに規準Aに伸ばすことができるのかということです。どのような指導の工夫が必要なのでしょうか。

　教師の力量形成が問われています。だれにでも授業ができるスタンダードマニュアルをつくることが目的ではなく，だれもが子どもの学びを支えることができるための研究であってほしいですね。そのためにも，私たちは「学びの質」をしっかりとらえておきたいと思います。

先生の声を聞いてみよう

　家庭科の評価は難しいです。はじめのうちは，料理がうまいとか，作品が上手にできているといったことに着目しがちでしたが，ワークシートや話し合いの様子など，どれだけ自分の生活をよく見つめ，問題解決的に考えているかとか，物の見方や考え方がいかに科学的であるかとか，授業づくりの視点と同じだなと思えるようになってきたのです。子どもが楽しいと思える授業というのは，こちらがよく教材研究したときに正直に現れます。

あなたへの問い

　家庭科の授業を通して，どんな力をつけたいと思いますか？　それが評価の答えです。

これからの家庭科の学習に求められるもの

▌**1** 家庭科という教科の歴史をたどってみる

　家庭科という教科は，そもそも戦後にできた教科です。第二次世界大戦の敗戦後に，占領下で，戦前の教育を否定するところから，新しい家庭科が誕生しました。戦後70年が経過して，新しく誕生した家庭科という教科の学習内容も，指導方法も，担うべき役割も，時代の変化とともに変わってきました。

　その歴史的な背景や流れをたどってみることで，これからの家庭科が担うべき役割も見えてくるのではないかと思います。

（1）「家庭科」誕生以前のあゆみ

　明治の学制により公教育が始まりました。もともと，女子を対象に「手芸」という名称で始まります。明治12（1879）年の教育令により「裁縫」という教科が設けられ，女子に必要な教養として**製作技術を中心に**学校教育に位置づけられていました。明治期には教科としての確立はあいまいで明治13（1880）年の改正教育令によって制度的に確立したものの，明治19（1886）年の小学校令では教科から除外され，国語や理科の中で家事的内容を学びました。

　大正期は，第一次世界大戦の影響による社会情勢の変化が家庭生活にも変化をもたらすことになりました。教育は，大正デモクラシーを背景とした自由主義教育運動の影響を受けました。家事教育は，大戦後の生活困窮を打開するため，**家庭生活の合理化や科学化**を図られたこともあり，大正8（1919）年，小学校令改正によって高等小学校の教科となりました。

　その後，世界的な経済恐慌を受け，満州事変・日華事変・第二次世界大戦と戦時体制が拡大し，国民の生活は，どんどん合理化が図られていきます。家事・裁縫教育も，昭和6（1931）年の国民学校令によって，芸能科家事・芸能科裁縫となり，戦時体制を乗り切るための教科として，**国民生活の充実・婦徳の涵養，家を斉えて国に報じる精神の涵養**などを行う教育を担うことになっていきました。

（2）そして戦後の「家庭科」誕生へ

　第二次世界大戦の敗戦によって，連合国の占領下におかれた日本の教育は新しい民主主義国家の建設を目指すこととなり，昭和22（1947）年に教育基本法が制定されました。家

庭科教育はその精神にもとづき，**民主主義のシンボルとしての家庭を建設する者を育てる教科**として発足しました。小学校家庭科は，5・6年生の男女が週3時間学ぶ教科となり，昭和22（1947）年に『学習指導要領家庭科編（試案）』が告示されました。

　新しい理念のもとに開設されたにもかかわらず，CIE（米国の民間情報教育局）からの勧告によって廃止論が出されたり，授業の実施上の問題も多かったことから，昭和24（1949）年の審議，昭和26（1951）年の「学習指導要領一般編（試案）」での家庭科教育の意義付けなども行われたにもかかわらず，「学習指導要領家庭科編」は作成されませんでした。その後，「小学校における家庭生活指導の手引」が発行され，5・6年の特設家庭科の時間にこだわらず，小学校1年生から6年生までの他教科において指導するなど，家庭科の指導をこれまで以上に強化する必要性が示されたことによって，家庭科の立場は不明瞭になってしまい，指導の実態に混乱が生じ支障をきたすことになったのです。

　そして，昭和31（1956）年の学習指導要領家庭科指導編の刊行により，ようやく家庭科の教科としての立場が明確にされました。

　この後，昭和33（1958）年に指導要領の改訂が行われます。小学校家庭科は，**衣食住の技能を中心とし家庭生活についての理解を深め実践的態度を養う教科**と位置づけられ，技能教科としての性格が強くなりました。

　同時に，中学校の教科名は「技術・家庭科」となり，「男子向き」「女子向き」と別学で技術を重視した内容で学ぶことになりました。「女子向き」の内容から家庭や家庭生活に関する内容が，全面的に削除されたことにも驚きました。

　その後，昭和43（1968）年・昭和52（1977）年・平成元（1989）年・平成10（1998）年・平成20（2008）年とほぼ10年ごとに学習指導要領が改訂されるたびに，家庭科の目指す目標や内容は少しずつ変化していきます。また，小学校のみならず，中学校・高等学校の家庭科のあり方も変わっていきます。他教科とのかかわりも変化していきます。

　そして，2020年には，最新の学習指導要領が全面実施されることになっています。

❷　次の時代を生きる子どもたちに育みたいもの

（1）目標と学習内容の変遷

　昭和31（1956）年の学習指導要領では**家庭生活や家族関係に関する認識を深め，家族の一員としての自覚をもって，衣食住をはじめとした家庭生活の改善向上に役立つ実践力をつける教科**であることを目標としていました。内容は「家族関係」「生活管理」「被服」「食物」「住居」の5分野に整理し，2学年分が一括して示されました。とくに「被服」「食物」「住居」の指導は「家族関係」や「家庭管理」と関連づけて指導することを大切にするなど，家庭科本来の姿を目指していたことがわかります。そして，昭和33（1958）年の学習指導要領の改訂では，道徳教育の徹底と基礎学力の充実，科学技術教育の向上を

図ることなどに主眼がおかれていきます。小学校家庭科は第5・6学年別々に「被服」「食物」「すまい」「家庭」の4領域に整理され，授業のあり方や他教科との重複などの課題に対して「家庭」の領域が新設されることになりました。

　次の改訂は昭和43（1968）年。高度成長期前半の昭和30年代の日本は，産業・社会・国際関係などにおいて著しい進展がみられ，時代に呼応した教育を求めて指導要領が改訂されました。人間関係の上から調和と統一感のある教育課程の実現を図ることが謳われ，教科の目標を達成するのに必要な基本的事項の精選が求められました。時代の進展に応じることももちろんでしたが，児童の心身の発達に即し，その発展性と系統性について留意されたことにも注目しておかなければなりません。小学校家庭科については，領域の分け方や内容の構成は若干の指導事項の削除以外はほぼ変わってはいません。

　そして，昭和52（1977）年の改訂では，学校教育に知育偏重の傾向が強まり，児童・生徒に様々な問題が生じたという認識を受けて，**人間性豊かな児童生徒の育成，ゆとりのあるしかも充実した学校生活，国民として必要とされる基礎的・基本的な内容の重視と個性と能力に合わせた教育**という3点の改善のねらいにもとづいて家庭科も改善の方針が出されました。この基本方針において「小学校，中学校及び高等学校を通して，実践的・体験的な学習を行う教科としての性格が一層明確となるように留意して内容の精選を行い，その構成を改善する」とされ，小・中・高の家庭科は，**「実践的・体験的な学習を行う教科」**という性格づけを行うこととなりました。

　ここでようやく教科としての柱ができて各校種をつないだ目指す児童・生徒像が明確になってきたのです。このことが，**創造的な知性と技能を育てること**とも関連し，**直接手を使って製作する活動と体験的な活動を通して物をつくることや働くことの喜びを得させるようにする**という家庭科の目標が直接かかわることになりました。ちょうど，世の中が便利になり，経済的にも安定してきたことから，子どもたちの生活経験も少しずつ乏しくなり，学校での体験が重視されてきたともいえます。

　さらに，内容を有機的・総合的に関連づけて指導していくために，内容が4領域から「被服」「食物」「住居と家族」の3領域に整理統合されました。教材量を減らすことにより，内容を有機的・総合的に扱いやすく，指導効果をあげることにつながると考えられたようです。中学校では従来の「女子向き」「男子向き」の学習系列の表現を止めて，わずかながら男女の履修に重なりをもたせ，高等学校でも男子の履修についての注意が示されて女子のみの必修方針が緩和されるようになったのです。

　そして平成元（1989）年，これからの社会において自主的・主体的に生きていくために必要な資質の養成を目指して改訂された**「心豊かな人間の育成」「基礎・基本の重視と個**

性教育の推進」「自己教育力の育成」「文化と伝統の尊重と国際理解の推進」がその方針の基本となりました。当時は，子どもたちの生活が簡便になる中で，学歴重視の知育偏重ではなく，心の育ちを促すことが課題となってきていたからです。また画一的な指導ではない，個性を尊重して自分の思いや願いをどのようにすれば実現できるかといった学習の主体性を重視した指導のあり方の研究もすすんでいきました。メタ認知力を育て，今学習していることがどのような意味をもつのか，何のためにこの学習をするのかといった授業研究も取り上げられるようになったのです。そして，これまで普通に継承されてきた伝統文化や日常の生活文化も意図的につないでいかないと途絶えてしまうのではないかという危機感や，国際理解といった新しい視点での教材開発も取り入れ始めたのでした。

　さらに時代はすすんで平成10（1998）年の改訂です。「21世紀を展望した我が国の教育の在り方」の諮問を受けた中教審は「生きる力」と「ゆとり」を答申しました。また，「新しい学力観」についての論議も深められ，それを受けた学習指導要領では，小学校家庭科は「家族の人間関係や家庭の機能の充実の観点から，豊かな人間性と社会性を培う」「家庭生活の改善のために，自ら学び自ら考える力の育成」「基礎・基本の確実な定着」「学校の創意工夫による弾力的な指導展開」が改善点とされました。

　家庭科の目標を2学年まとめて具体的に示し，実態に応じて題材や教材を選択できるようにしたのです。「ごはんとみそ汁」だけが題材として指定され内容の大綱化が図られました。題材中心の指導から資質能力育成の指導へと大きな転換を図ったのです。内容は2学年まとめて「家庭生活と家族」「衣服への関心」「生活に役立つ物の製作」「食事への関心」「簡単な調理」「住まい方への関心」「物や金銭の使い方と買い物」「家庭生活の工夫」の八つの内容のまとまりで示されました。消費生活や環境・近隣の人々に配慮した家庭生活の工夫など，社会の変化に伴う生活のあり方の変化に対応できるように改善されました。この改訂では，内容間の有機的・総合的な指導を可能にすることをねらっており，学校独自の2年間の指導計画の作成が自由になると同時に，教師にもカリキュラム・マネジメント力が問われるようになってきました。

　また，中学校との連携や調整が必要となり，校種間連携も意識されるようになりました。基礎・基本となる内容の厳選や，内容や指導法の系統性の検討も必要になりました。

　さらに，評価の観点についても「生活に関する関心・意欲・態度」をどのように扱うかが重視されるとともに，評価についての研究も進み，他の観点との関連性や大題材を通しての評価計画や評価規準についてもきめこまやかに子どもの学びを見取るシステムが構築されるようになりました。そして，「総合的な学習の時間」が第3学年以上に設けられることになったことで，家庭科の学習は，カリキュラム上の学習活動の内容の関連性が双方向に作用し，学力の面でも学習内容の面でも広がりや深まりが期待されるようになったのです。

そして，前回の平成20（2008）年の改訂では，さらに充実した家庭科の学習となるように，内容を中学校と合わせて「家庭生活と家族」「日常の食事と調理の基礎」「快適な衣服と住まい」「身近な消費生活と環境」の四つに組み替えて整理しました。さらに丁寧に，**家庭科の学習の入口にガイダンスを設けて**，生活における**自分の成長を2学年間の学習全体を貫く視点とし**，**2年間の指導計画にもストーリー性をもたせるようにし**，成長した自分が実感できるようにしました。平成10（1998）年の改訂から授業実践の成果の積み上げにより，自分の生活を見つめ課題を設定し，解決方法を考えて実際に計画して実践する，さらに自分の生活に生かすことで新たな課題を発見するといった課題解決力を重視するようになりました。この課題解決力を中心に資質・能力を身につけていくことは，家庭科教育の大きな使命ともいえるようになったのです。このことは，今求められている「生きる力」の原動力といっても過言ではありません。

　そして，今回の平成30（2018）年の改訂です。一番大きな主張は，内容ベースではなく，資質・能力を前面に打ち出して，「何を教えるか」ではなく，「どのような力をつけるのか」を重視している点です。このことによって，家庭科は「何を作るか」ではなく，「自分の家庭生活をよりよくしようとする力」につながる学習であることを念頭におくことが確認されたということです。それが，教科の目標にも明確に示されています。また教科の特性に応じたものの見方・考え方を働かせることを大切にしていることから，家庭科では「生活の営みに係る見方・考え方」を働かせて日常生活の問題をとらえ，資質・能力の育成を図ることが大切であるとされています。そのために課題解決の過程を大切にした題材の構成や，家庭や社会での実践化，それを踏まえた評価・改善を一連の学習として，問題解決する力こそ身につけるべき力であるとされています。また，これまで以上に，中学校や高等学校までの系統性を重視し，内容を整理したり，学習したことをどのように活用していくことができるかといった見通しを子どもがもてるように学習を組み立てたりすることも重視されています。

（2）学び手の子どもたちはどう変わってきたのか

　戦後の物のない時代には，家族は力を合わせて少しでも豊かな生活を求めて，自分の役割を果たさざるを得ない状況の中で，子どもたちも役割がはっきりしていました。家事もまだまだ合理化されていない中で，家庭の中の仕事もたくさんあったのです。

　それを少しでも上手に，ある物をやりくりして作り出す楽しさや，作り変える楽しさを家族で共有していました。物質的には恵まれず貧しい思いをした時代ではありましたが，ささいなことが喜びに変わる価値観があったのです。家族の役に立つためには，技能を向上させる必要も大きかったのでしょう。しかしその後，時代とともに社会はどんどん豊かになり，何でも手軽に手に入るようになってきます。そんな中で，丁寧に生活をすること

の価値や，家族がそろって何かをする時間を生み出す価値観は薄れていきます。個人の欲求や要望が大きくふくらみ，家族間でのコミュニケーションもだんだん減ってくるようになってきます。

　そのような中で，家庭科の学習は，子どもたちがつねに自分の生活に目を向け，子どもなりに自分の生活をよりよくするためにどうすればよいかを考え続けてきました。「家族が喜ぶ○○を作ろう」「家族のための○○タイム」といった家族を大切にする心情を核にすえた学習と，「○○名人になろう」「○○はおまかせ」といった自分の思いを大切に挑戦し続けることで生活することに自信をつける学習を大切にしてきました。

　このように，どんな時代や社会の背景の中でも，子どもが家庭生活を真ん中において，自分の役割や使命を認識し，自分なりに考えて自分の力でやってみる，任されたことをやり切ることで達成感を味わい，自信をもって，自分の家庭生活にかかわっていこうとする姿こそが家庭科がつねに目指してきた姿にちがいありません。

　子どもを取り巻く背景は，核家族化や少子高齢化によって，どのようにコミュニティにかかわってよいかが見えにくくなっていたり，異年齢の人にどのようにかかわればよいかがわからなくなったり，簡便であるがゆえに物の生産や流通についての理解が薄れていったりといったように複雑で困難な状況も増えてきています。子どもたちは，物質的な豊かさや簡便であることがけっして豊かさや幸せとは結びつかないことにも気づき始めています。

❸　生活文化の担い手として大切に育みたいもの

　子どもたちには，「今さえよければ，自分さえよければ」ではなく「次世代は自分たちが切り拓いていくのだ」という意識をもって成長してほしいと願っています。今後は時代に対応する能力だけが必要なのではなく，自分たちがよりよい未来のつくり手となる資質・能力を育むことが大切になってくるのです。しかも，一人で未来はつくれません。人や社会と連携・協働することが必要です。家庭科の学習では，つねに社会との接点をもつ家庭生活を中心に，生活を営む一生活者としての視点を大切にしています。

　「食べる」「着る」「住まう」「買う」「共に生きる」……家庭生活を切り取った一場面一場面には，それぞれがどのように機能し，どうすれば昨日より今日，今日より明日がうまくいくのかを検証していくことが必要です。そこには，必ず根拠があり，改善の視点があります。一言でいえば生活の「科学性」に着目するということです。毎日なんとなく繰り返し生活していることもこの**「科学的な視点」**をもつことで，良質の生活を営むことができます。さらに，それを誰かと"共有する""教え合う""分け合う"といった**「共生の視点」**が重要になってきます。身の回りの物事に興味や関心をもって調べていくと，やがて物事の流れや枠組みが理解できるようになってきます。すると**循環型の社会**であることが

見えてきます。**環境への配慮や持続可能な社会**とは何かといった視点をもつためには，理屈だけではなく，ローカルな日々の生活行動から，やがてはグローバルな視点での社会の構築につながるのだということを学習を通して実感させることが必要です。家庭科の学習は，子どもの発達の道筋を追いながら，適時に題材に出会わせて，このような**未来志向の社会の構築**に向かわせる働きをもっているはずです。

　学習の中で大切にしたい一人ひとりの子どもの思いや願いはもちろんのこと，それを実現させるためには，自分ならどうするかといった**意思決定**に至るために**思考力・判断力・表現力**を身につけておかなくてはなりません。実際の毎日の生活の中では，このような臨機応変の意思決定の連続ばかりだからです。厳しいようですが，どんな時代にも生き抜いていくためには，自分で考えて自分で乗り切る力は必ず必要になってきます。そして，どんな時代にあっても，豊かな暮らしとは何か，日々の暮らしを楽しみに幸せを感じ，それをそばにいる誰かと分かち合える喜びを感じる感性も大切にしてほしいと思っています。

4　学校の果たす役割——家庭と手を携えて

　これまで述べてきた家庭科で目指す子どもの姿は，じつは，学校の学習だけでは実現できるものではありません。つねに家庭と手を携えてこそ実現するものであることを忘れてはなりません。

　小学校で学習する教科の家庭科について，どんな学習をしているのか，どんな教科書で勉強しているのか知っている大人の人はどれくらいいるものでしょうか。自分の小学校時代に習った家庭科の勉強のイメージはけっこう鮮明に残っているものです。それは，実際に作ってみる，やってみるといった実践的・体験的活動を重視した教科であり続けてきたからです。

　しかし，それが正しく快適なものであったかどうか，不適切で不快なものであったかについてはそれぞれちがった経験をもっていますから，子どもの保護者の理解も様々でスタートするにちがいありません。学校での家庭科で子どもにどのような力をつけたいと考えているのか，これからの社会を生き抜くためにはどのような力が必要とされているのかをぜひとも子どもを真ん中に置いて，学校と家庭で共有してほしいと思います。また，学校の応援団でもある地域の人々にも，つねに発信しながら，協力を得ながら，子どもたちの健やかな成長のために力を貸していただき，社会の一員としても子どもの育ちを共に喜んでもらえる関係づくりをしておいてほしいと思います。

　子どもは地域の社会の宝物です。小さいころからコミュニティで可愛がってもらい，小学校低学年の生活科や中学年の総合的な学習の時間や他教科の学習を通して，地域で学んだことを糧にしながら，家庭科の学習で実を結んで，今度は自分が地域に一員としてかかわっていく，中学生になっても役割を果たし，小学生に教え伝えていく，このような身近

なところでの持続可能な社会がじつは，グローバル化する社会の中でも求められていることなのです。

5　未来を明るくする家庭科の学習をつくる

　文部科学省第3次教育振興基本計画にある，2030年以降の社会を展望した教育政策の重点事項には次のような姿が掲げられています。
《個人と社会が目指すべき姿》
　個人：自立した人間として，主体的に判断し，多様な人々と協働しながら新たな価値を創造する人材の育成
　社会：一人一人が活躍し，豊かで安心して暮らせる社会の実現，社会（地域・国・世界）の持続的な成長・発展
　キーワードは「自立」「協働」「創造」です。これまでお読みになってお気づきでしょうが，家庭科が目指している姿のキーワードとほぼ重なります。家庭科の担うべき使命は大きいのです。しかも，自分の生活に根差した事象を学習の対象とし，学びで得たことを自分の身の回りの生活に応用転移し，汎用性の高いものにしていく学習なのです。
　小学校の学習指導要領の中で，生活の営みに係る見方・考え方の一つとして取り上げられたように「持続可能な社会の構築」までを視点に入れて，学習に取り組むとされている教科は他にありません。そして自分の生活から出発するものの，多様な価値観をもつ社会の中で，どのように生活の主体者としてあるべきかを問い続けていく教科でもあります。
　社会の課題は山積していますが，未来は自分がつくるのだと思えば，それを明るくするのも自分です。子どもたちと一緒に，未来を明るくする家庭科の学習をつくってみようではありませんか！

6 これから教壇に立つ人たちとの学びから

　小学校家庭科の指導法について，大学で教師を志している人たちと一緒に勉強する機会がありました。どんな気づきがあって，教壇に立つとしたら，どんなことを心がけようと思うか，聞いてみました。

これから教える人の声を聞いてみよう

- 家庭科のイメージとして，裁縫や料理のイメージが強かったけれど，小学校家庭科では，家族や家庭生活という内容も扱うことがわかりました。けれど，家族や家庭は人それぞれなので扱うのは難しいなと思いました。

- 教材をうまく活用し，生活を想起させ，ワクワクドキドキした授業をこれから考えてみたいと強く思いました。

- 導入というのは，その題材が子どもにとって印象に残るものになるかにつながってくると思います。なぜ導入が大切なのかがわかりました。

- 家庭科の授業は，実践的・体験的活動も多いので，楽しい面ばかりでなく，シビアに危険も潜んでいると思います。だから，授業を行う前に，一度は教師が試したり，準備をしっかりしたいと思いました。

- 家庭科では，他の教科とちがって，教師が内容を教えるだけでなく，生徒たち自身の日常生活での経験や学びを引き出し，家庭科の内容へと結びつけていく役割もまた教師の仕事と感じました。

- 児童に何を身につけさせたいのかを明確にすることが大切だということがよくわかりました。また，自分自身で体験してみることで，大人でも上手くいかなかったり，きっとこういうところで子どもは困るだろうなということがわかりました。だから，事前に子どもが悩みそうなことを見つけ，改善策を考えておくことが大切なのだと感じました。

- 家庭科は，調理の技術や生活の仕方を学ぶだけではなく，家族や地域の人とのかかわりを通して，人間として成長することができる教科だということに気づきました。

- 家庭科指導法を学んで，少し難しいことでも，教科を好きになってもらって，一緒に学んでいける環境ややりたいことを精一杯挑戦できる時間をつくってあげられるそんな教師になりたいと思いました。

- 小学校の授業では，今までしたことのないことをすることは，子どもにとっては刺激的であったり，驚きや発見の時間になるので，他教科では学べない様々な体験ができるので，大切にしていかなければと思いました。

- 私が一番学んだことは，家庭科の授業を構成するにあたって，どれだけ子どもたちの

家庭生活に関連づけて想像しやすい授業を考えられるかが重要になってくるということです。それが一番心に残りました。

- 実習にあたっては，苦手な子どもと得意な子どもが教え合い，協力することによってコミュニケーション能力も育ち，危険なことや安全にするためにどうするかを知ることで，注意や周りを観察し，気遣うことができます。教師の教え方や子どもへの接し方で，子どもの好き嫌いは大きく分かれていきます。子どもたちが，家庭でも実践してみたいと思えるような授業をつくれるように学んでいきたいと思います。

- 久しぶりに家庭科の教科書を開いてみました。間違って覚えていたことがあったことにも気づきました。子どもには，正しい知識を教える必要があります。子どもの意見を引き出すためには，どんな発問をすればよいのか考えるのはとても難しかったです。しかし，子どものことを考えて，いろいろな言葉を選ぶのはとても楽しかったです。

- 一つひとつの授業には，それぞれ目標，ねらいがあるので，そのことを大切にすることで，日常生活での役割を理解したり，日常生活に生かしたりすることができるということが大切であることを知りました。子どもが一番楽しく活動できると思う調理実習などの体験的な授業も何を目的にするのか，どのようにすればもっと楽しくなるかというように，ただ料理を作るだけを目的にするのではない授業を目指していきたいと思います。

- 小学校家庭科はたった2年間で基礎的なことから応用までしなければなりません。教えるべきことや知っておいてほしいことがたくさんあります。だから計画的に意図的に子どもの関心を引き寄せ，子どもたちが食らいつく活動を組みたてて授業づくりをしないといけないと思いました。私は，将来教師を目指しています。家庭科も一生懸命がんばっていますが裁縫も料理も苦手です。家庭科は好きですが上手にできません。このような子どももいるはずです。その子たちの気持ちがわかる先生として指導したいと思います。「家庭科が楽しい」と思える授業づくりができるように，「家庭科が大好き！」と言ってくれるように，がんばって勉強しようと思います。

引用・参考文献

プロローグ

ベネッセ教育総合研究所「第5回学習基本調査」2015年。

加地芳子編著『家庭科教育論』東信堂，1986年。

加地芳子・大塚眞理子編著『初等家庭科教育法』ミネルヴァ書房，2011年。

岸田蘭子「総合的な家庭科の学習の可能性（1）〜（12）」『家庭科教育』2004年4月号〜2005年3月号，家政教育社。

Lesson 1

1）中央教育審議会「幼稚園，小学校，中学校，高等学校及び特別支援学校の学習指導要領等の改善及び必要な方策等について（答申）」補足資料　2016年。

2）3）文部科学省　小学校学習指導要領　2017年。

4）6）中央教育審議会「幼稚園，小学校，中学校，高等学校及び特別支援学校の学習指導要領等の改善及び必要な方策等について（答申）」別添11-1　2016年。

5）文部科学省　小学校学習指導要領解説家庭編　2017年。

7）岡陽子・鈴木明子編著『小学校教育課程実践講座「家庭」』ぎょうせい，2017年。

加地芳子・大塚眞理子編著『初等家庭科教育法』ミネルヴァ書房，2011年。

Lesson 2

1）文部科学省　小学校学習指導要領　2017年。

2）日本縫製機械工業会「学んでたのしいミシン」（東京書籍『新編 新しい家庭5・6』から引用）をもとに作成。

Lesson 3

1）石井英真『今求められる学力と学びとは』日本標準ブックレット，2015年。

2）日本縫製機械工業会「学んでたのしいミシン」（東京書籍『新編 新しい家庭5・6』から引用）をもとに作成。

加地芳子・大塚眞理子編著『初等家庭科教育法』ミネルヴァ書房，2011年。

岸田蘭子「自ら生活に働きかける力を一人一人に育てる学習指導の工夫」『初等教育資料』2003年6月号，東洋館出版社。

Lesson 4

1）2）4）5）文部科学省　小学校学習指導要領解説家庭編　2017年。

3）文部科学省　小学校学習指導要領　2017年。

6）西岡加名恵・石井英真・田中耕治編『新しい教育評価入門』有斐閣コンパクト，2015年，p. 10。

7）石井英真『今求められる学力と学びとは』日本標準ブックレット，2015年（Earl, L. M. (2003) *Assessment as Learning: Using Classroom Assessment to Maximize Student Learning*, Corwin Press に石井が加筆）。

中央教育審議会「家庭科，技術・家庭科の学習過程イメージ」2016年。

岸田蘭子「家庭科におけるパフォーマンス課題による題材構成」『家庭科の窓』東京書籍，2017年。

田中耕治編『よくわかる教育評価』ミネルヴァ書房，2005年。

文部科学省　小学校学習指導要領解説家庭編　2017年。

西岡加名恵編著『教科と総合学習のカリキュラム設計』図書文化社，2016年。

西岡加名恵・石井英真『教科の深い学びを実現するパフォーマンス評価』日本標準，2019年。

Lesson 5
石井英真編著『小学校発 アクティブ・ラーニングを超える授業』日本標準，2017年。
加地芳子他「一貫性を考慮した家庭科カリキュラム改善に関する研究 第1報〜第3報」『京都教育大学教育実践研究年報』第16号，2000年。
岸田蘭子『小学校ではもう遅い――親子でいられる時間はそう長くない』PHP研究所，2017年。
文部省検定教科書「新しい家庭」指導書（上・下）東京書籍，2015年。

Lesson 6
1）中央教育審議会「幼稚園，小学校，中学校，高等学校及び特別支援学校の学習指導要領等の改善について（答申）」2008年。
加地芳子編著『家庭科教育論』東信堂，1986年。
岸田蘭子「総合的な家庭科の学習の可能性（1）〜（12）」『家庭科教育』2004年4月号〜2005年3月号，家政教育社。
向井文子「日本の伝統的な食事を大切にした取組」『初等教育資料』2015年12月号，東洋館出版社。

Lesson 7
1）中央教育審議会「幼稚園，小学校，中学校，高等学校及び特別支援学校の学習指導要領等の改善及び必要な方策等について（答申）」2016年。
2）文部科学省 小学校学習指導要領 2017年。
加地芳子・大塚眞理子編著『初等家庭科教育法』ミネルヴァ書房，2011年。
岸田蘭子「総合的な家庭科の学習の可能性（1）〜（12）」『家庭科教育』2004年4月号〜2005年3月号，家政教育社。
岡陽子・鈴木明子編著『小学校教育課程実践講座「家庭」』ぎょうせい，2017年。
田中耕治・岸田蘭子監修『資質・能力を育てるカリキュラム・マネジメント』日本標準，2017年。

Lesson 8
1）2）外務省ホームページ「SDGsとは？」 https://www.mofa.go.jp/mofaj/gaiko/oda/sdgs/about/index.html（2020年2月5日閲覧）
3）文部科学省 小学校学習指導要領解説家庭編 2017年。
岡陽子・鈴木明子編著『小学校教育課程実践講座「家庭」』ぎょうせい，2017年。

Lesson 9
岸田蘭子「総合的な家庭科の学習の可能性（1）〜（12）」『家庭科教育』2004年4月号〜2005年3月号，家政教育社。

Lesson 11
加地芳子他「一貫性を考慮した家庭科カリキュラム改善に関する研究 第1報〜第3報」『京都教育大学教育実践研究年報』第16号，2000年。
加地芳子・大塚眞理子編著『初等家庭科教育法』ミネルヴァ書房，2011年。
田村知子『カリキュラム・マネジメントのエッセンス』ぎょうせい，2011年。
田中耕治・岸田蘭子監修『資質・能力を育てるカリキュラム・マネジメント』日本標準，2017年。

Lesson 12

石井英真編著『小学校発 アクティブ・ラーニングを超える授業』日本標準，2017年。

加地芳子他「一貫性を考慮した家庭科カリキュラム改善に関する研究　第1報～第3報」『京都教育大学教育実践研究年報』第16号，2000年。

Lesson 13

1）岸田蘭子「家庭科の学びの質をどうとらえるか」『家庭科教育』2005年2月号，家政教育社。

文部科学省　小学校学習指導要領　2017年。

エピローグ

加地芳子編著『家庭科教育論』東信堂，1986年。

加地芳子・大塚眞理子編著『初等家庭科教育法』ミネルヴァ書房，2011年。

岸田蘭子「家庭科の学びの質をどうとらえるか」『家庭科教育』2005年2月号，家政教育社。

岸田蘭子「自ら生活に働きかける力を一人一人に育てる学習指導の工夫」『初等教育資料』2003年6月号，東洋館出版社。

《授業協力者紹介》（五十音順，（　　）内は授業実践当時所属校名）

井 関 隆 史	京都市立松尾小学校（京都市立高倉小学校）
小田木あけみ	京都市立修学院第二小学校（京都市立錦林小学校）※
形木原ゆかり	京都市立大宅小学校※
河 村 尚 子	京都市立伏見南浜小学校※
北川あやめ	京都市立高倉小学校
嶋 田　　宰	京都市立嵐山東小学校（京都市立高倉小学校）
白矢(岡田)沙織	京都市立西京極小学校（京都市立広沢小学校）
多 々 良 晋 佑	京都市立西院小学校（京都市立広沢小学校）※
坪田(江頭)香衣	京都市立高倉小学校
内 藤 岳 士	京都市立高倉小学校
長 澤 秀 子	京都市立南太秦小学校（京都市立境谷小学校）※
西 村 良 子	京都市立鞍馬小学校（京都市立高倉小学校）
西 本 光 子	京都市立嵯峨中学校（京都市立広沢小学校）
橋戸(赤木)満貴子	元京都市立川岡小学校（京都市立境谷小学校）
福 井 博 美	京都市立高倉小学校※
前浪(三木)香織	京都市立岩倉北小学校（京都市立高倉小学校）
向 井 文 子	川崎市立幸町小学校（京都市立高倉小学校）
八 木 悠 介	京都市立高倉小学校
安 原 麻 耶	京都市立高倉小学校
山 崎 貞 子	京都市立上賀茂小学校（京都市立高倉小学校）
若 松 美 里	京都市立桂坂小学校（京都市立広沢小学校）※

※京都市小学校家庭科教育研究会所属

《感想協力》

関西福祉大学児童教育学科学生の皆さん

滋賀大学教育学部の皆さん

《著者紹介》

岸田　蘭子（きしだ・らんこ）
　　京都教育大学大学院教育学研究科修了
　　京都教育大学附属京都小学校教諭を経て京都市公立小学校教諭として勤務。
　　京都市立広沢小学校校長から京都市立高倉小学校校長（現在に至る）
　　全国小学校家庭科教育研究会副会長（2015年4月〜現在に至る）
　　関西福祉大学非常勤講師。
　主　著　『小学校ではもう遅い』（単著）PHP 研究所，2017年。
　　　　　『資質・能力を伸ばすカリキュラム・マネジメント』（共著）日本標準，2017年。
　　　　　『平成29年改訂　小学校教育課程実践講座　家庭』（共著）ぎょうせい，2017年。
　　　　　『シリーズ学びを変える新しい学習評価④新しい学びに向けた新指導要録・通知表文例編〈小学校〉』
　　　　　（共編著）ぎょうせい，2020年。

先生も子どもも楽しくなる小学校家庭科
──授業づくりの理論と実践──

2020年3月31日　初版第1刷発行　　　　　　　　　〈検印省略〉

定価はカバーに
表示しています

著　者　岸　田　蘭　子
発行者　杉　田　啓　三
印刷者　坂　木　喜　杏

発行所　株式会社　ミネルヴァ書房
607-8494　京都市山科区日ノ岡堤谷町1
電話代表　(075)581-5191
振替口座　01020-0-8076

©岸田蘭子, 2020　　　冨山房インターナショナル・清水製本

ISBN 978-4-623-08666-5
Printed in Japan

初等家庭科教育法──新しい家庭科の授業をつくる

　　　　　　　　　　　　　　加地芳子・大塚眞理子 編著　Ａ５判　220頁　本体2600円

小学校家庭科概論──生活の学びを深めるために

　　　　　　　　　　　　　　加地芳子・大塚眞理子 編著　Ａ５判　224頁　本体2600円

新しい教職教育講座　教科教育編⑧
初等家庭科教育
　　原清治・春日井敏之・篠原正典・森田真樹 監修　三沢徳枝・勝田映子 編著
　　　　　　　　　　　　　　　　　　　　　　　　　　Ａ５判　208頁　本体2000円

新しい小学校音楽科の授業をつくる

　　　　　　　　　　　　　　　　　高見仁志 編著　Ｂ５判　236頁　本体2500円

音楽科における教師の力量形成

　　　　　　　　　　　　　　　　　高見仁志 著　Ａ５判　228頁　本体5000円

やわらかな感性を育む 図画工作科教育の指導と学び
　　──アートの体験による子どもの感性の成長・発達

　　　　　　　　　　　　　　村田利裕・新関伸也 編著　Ｂ５判　242頁　本体2200円

あの学校が生まれ変わった驚きの授業──Ｔ中学校652日物語

　　　　　　　　　　　　　　　　　木原雅子 著　四六判　192頁　本体1800円

あの子どもたちが変わった驚きの授業──授業崩壊を立て直すファシリテーション

　　　　　　　　　　　　　　　　　木原雅子 著　四六判　264頁　本体1800円

どうすれば子どもたちのいのちは守れるのか
　　──事件・災害の教訓に学ぶ学校安全と安全教育

　　　　　　　　　　　　　　　　　松井典夫 著　Ａ５判　216頁　本体2200円

──────── ミネルヴァ書房 ────────
https://www.minervashobo.co.jp/